I0167483

L'Occhio della Saggezza

L'Occhio della Saggezza

Swami Ramakrishnananda Puri

Mata Amritanandamayi Center, San Ramon
California, Stati Uniti

L'Occhio della Saggezza
di Swami Ramakrishnananda Puri

Pubblicato da:
Mata Amritanandamayi Center
P.O. Box 613
San Ramon, CA 94583
Stati Uniti

———————— *Eye of Wisdom (Italian)* ————————

Copyright © 2008 Mata Amritanandamayi Center, P.O. Box 613
San Ramon, CA 94583, Stati Uniti

Tutti i diritti riservati. Ogni riproduzione, archiviazione, traduzione o diffusione, totale o parziale, della presente pubblicazione, con qualsiasi mezzo, con qualsiasi scopo e nei confronti di chiunque, è vietata senza il consenso scritto dell'editore.

Prima edizione a cura del MA Center: agosto 2016

In Italia: www.amma-italia.it

In India:
inform@amritapuri.org
www.amritapuri.org

Dedica

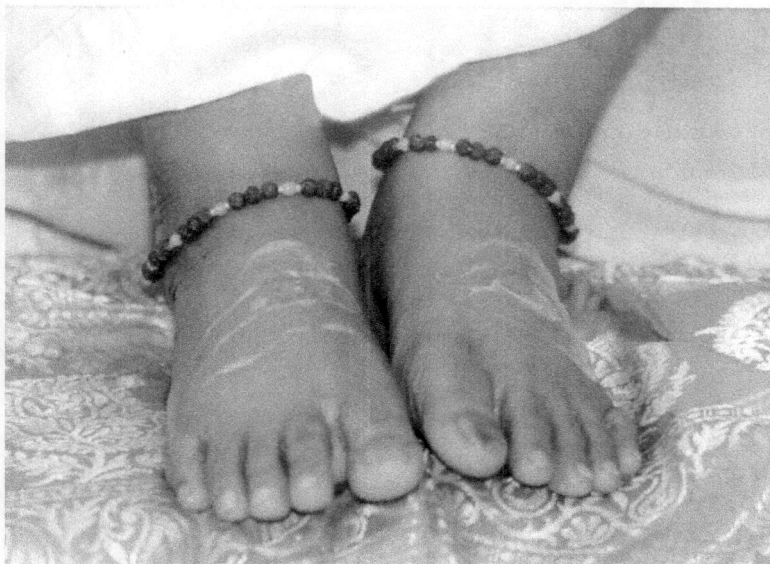

*Offro umilmente questo libro ai
Piedi di Loto del mio amato Satguru
Sri Mata Amritanandamayi Devi.*

sarvagaṁ saccid-ātmānaṁ jñāna-cakṣurnirīkṣate
ajñāna-cakṣurnekṣeta bhāsvantaṁ bhānum-andhavat

L'Atman, onnipervadente esistenza-coscienza,
è visto da chi possiede l'occhio della saggezza.

Colui la cui visione è oscurata dall'ignoranza
non lo può percepire, proprio come un cieco non vede
lo splendore del sole.

— *Atma Bodha Dipika* (65)

Indice

Prefazione

Un paio di anni fa, durante il tour australiano di Amma, mentre lei stava dando il *darshan* io parlavo con alcuni devoti lì vicino. All'improvviso, Amma mi fece cenno di avvicinarmi e quando le fui vicino lanciò su di me, come benedizione, dei petali di fiori, dicendo: "Oggi è il tuo compleanno, no?".

Le risposi che onestamente non lo sapevo. In India, non si ha solo la data di nascita, ma anche la stella di nascita, che può ricorrere una o anche due volte al mese. Il compleanno si festeggia il giorno della propria stella di nascita, nel mese in cui si è nati e, per questo, la data cambia ogni anno. Io avevo confidato ad Amma la mia stella natale, ma in tutti quegli anni non avevo mai rivelato a lei o ad altri all'Ashram la mia data di nascita. Sebbene nel tempo abbia potuto verificare molte volte la natura onnisciente di Amma, rimasi ugualmente sorpreso dal fatto che lei conoscesse il mio giorno di nascita e profondamente commosso che l'avesse menzionato. Mentre Amma mi dava il darshan e mi donava una mela, ricordai l'affermazione delle Scritture secondo la quale un vero maestro può vedere il passato, il presente e il futuro di tutti gli esseri viventi. Anche se Amma non ha mai fatto una simile ammissione riguardo a se stessa, mi comunicò, col suo modo di fare così misurato che quasi non si riesce ad accorgersene, di non perdere un colpo, né ora né mai.

Fu allora che cominciai a prendere in considerazione l'idea di scrivere un libro su come Amma vede il mondo. Naturalmente, su questo tema non posso essere considerato una fonte autorevole: non si può presumere di capire o spiegare esattamente come vedano il mondo gli altri, meno che mai un maestro spirituale del calibro di Amma. Tuttavia, dopo 30 anni di vita trascorsi con Amma, ai suoi piedi, osservandola da lontano, e consigliato da lei su questioni piccole e grandi, penso di poter offrire qualcosa in proposito, anche se in maniera limitata. Attraverso accenni, deduzioni ed esperienze, ho iniziato a mettere insieme le tessere del puzzle. Una cosa so per certo: la sua è veramente una visione che proviene da "oltre": oltre tutto quello che possiamo comprendere, oltre qualunque cosa abbiamo sognato, oltre qualsiasi *cosa*. Sicuramente oltre le parole. Nonostante ciò, Amma cerca di spiegarci tutto questo e noi faremmo bene a cercare di capire. Nella *Bhagavad Gita*, Sri Krishna dice:

āścaryavat paśyati kaścid-enam
āścaryavad vadati tathaiva cānyaḥ
āścaryavaccainam anyaḥ śṛṇotī
śrutvāpyenaṁ veda na caiva kaścit

Alcuni vedono l'*Atma* (il vero Sé) come una meraviglia;
altri lo descrivono come una meraviglia;
altri ancora ne sentono parlare come di una meraviglia,
ma c'è chi non riesce a concepirlo neanche dopo averne
sentito parlare.

(2.29)

Durante il recente tour del Nord America, nella pausa tra il programma del mattino e quello del pomeriggio, eravamo alloggiati presso un devoto il cui appartamento aveva una bellissima vista su un lago, oltre il quale appariva maestosa la cima innevata del monte Rainier. Quando l'attendente di Amma notò quel panorama, lasciò aperte le finestre in modo che anche Amma potesse godere di quella vista suggestiva, ma quando lei entrò nella stanza, e l'attendente la invitò a guardare la montagna, non alzò neppure lo sguardo dalla lettera che stava leggendo.

La ragazza insistette: "Amma, per favore, guarda! Non ci vuole che un minuto... è così bello!".

Alla fine, Amma rispose: "Per Amma sono belli sia l'esterno sia l'interno".

In verità, non c'è nulla di più bello e beato dell'Atma. Un vero maestro come Amma, stabile nel Sé, non ha bisogno di nient'altro'.

Swami Ramakrishnananda Puri
Amritapuri
27 settembre 2007

Sri Mata Amritanandamayi
– Introduzione

Attraverso i suoi straordinari gesti d'amore e il sacrificio personale, Sri Mata Amritanandamayi Devi, meglio conosciuta come Amma (Madre), è divenuta cara a milioni di persone in tutto il mondo. Accarezzando e stringendo al suo cuore in un tenero abbraccio chiunque vada da lei, Amma condivide il suo amore illimitato con tutti, a prescindere dal loro credo, dalla loro storia personale e dal motivo che li porta da lei. In questo modo semplice ma potente, un abbraccio per volta, Amma sta trasformando la vita di innumerevoli persone, aiutandole ad aprire il proprio cuore. Negli ultimi 36 anni, Amma ha abbracciato più di 26 milioni di persone di ogni parte del mondo.

Il suo instancabile impegno nell'elevare gli altri ha ispirato una vasta rete di attività umanitarie, attraverso le quali le persone stanno scoprendo il profondo senso di pace e di pienezza interiore che proviene dal servire disinteressatamente gli altri. Amma insegna che il Divino esiste in ogni cosa, senziente o no. Percepire questa unità alla base di tutto non è solo l'essenza della spiritualità, ma anche il mezzo per porre fine a tutte le sofferenze.

Gli insegnamenti di Amma sono universali. Ogni qualvolta le viene chiesto quale sia la sua religione, risponde che la sua religione è l'Amore. Amma non chiede a nessuno di credere in Dio, né di cambiare la propria fede, ma soltanto di indagare sulla propria vera natura e di credere in se stessi.

Capitolo 1

La visione perfetta

"Ogni uomo confonde i confini del suo campo di visione personale con i confini del mondo".

— Arthur Schopenhauer

Nel mondo d'oggi c'è così tanta solitudine e così tanta divisione che ormai le diamo entrambe per scontate. Eppure, il concetto di un'utopistica civiltà umana, esistita in un lontano passato o che ritornerà in un non lontano futuro, è qualcosa di molto familiare a tutti noi. C'è la storia della mitica isola di Atlantide, nascosta per sempre nelle profondità del mare. C'è la leggenda di Shangri-la, una valle di pace e armonia completamente isolata dal resto del mondo. I poeti greci hanno avuto la loro Età dell'Oro e i Purana indù dividono la storia umana in quattro *yuga* (ere), il più antico dei quali è il *Satya Yuga* (l'Era della Verità), epoca in cui gli esseri umani vivevano in perfetta armonia gli uni con gli altri e con la natura, e la pace regnava sovrana.

Il Satya Yuga non è un mito, è esistito però molto tempo addietro.

In ogni caso, tutti desideriamo un mondo libero da guerre, conflitti sociali, corruzione, malattie, povertà e fame, ma, per ironia della sorte, è solo di questo che sentiamo parlare oggi nelle notizie provenienti da ogni angolo del globo. Esiste un enorme divario tra gli ideali che il genere umano si è prefissato e la realtà del mondo che ci circonda.

Grazie alla tecnologia odierna, viviamo letteralmente in un villaggio globale, ma le innumerevoli persone di questo mondo hanno così tanti interessi, scopi e ideali in conflitto tra loro, che la sfida più grande del nostro tempo è semplicemente imparare a vivere in armonia gli uni con gli altri. La tecnologia ha reso il mondo più piccolo, ma non è capace di risolvere i conflitti culturali e ideologici che nascono da questa recente vicinanza. Di questo passo, sembra che le parole un tempo scherzose di Ralph Waldo Emerson, *"La fine della razza umana consisterà nella sua morte per civilizzazione!"*, si dimostreranno più profetiche di quanto non si potesse immaginare ai suoi tempi.

Questa divisione non è presente soltanto tra le nazioni e i popoli, ma anche tra i membri della medesima famiglia. In una rivista ho letto la seguente lettera scritta da una bambina:

"Caro Dio,
scommetto che per Te è molto difficile amare tutti in
questo mondo. Nella mia famiglia ci sono solo quattro
persone e non sempre mi riesce di amarle tutte!".

Amma dice: "In una famiglia composta da quattro persone, ciascuna vive come su un'isola, separata dalle altre. Tra loro non c'è comunicazione sincera". Per illustrare questo punto, Amma racconta la storia seguente.

Una famiglia di tre persone doveva condividere un'unica automobile. Una sera, il padre voleva andare al cinema, la madre a fare spese e il figlio a un concerto. Ognuno cercò di convincere gli altri due ad assecondare il proprio desiderio. Alla fine, tra loro scoppiò una violenta discussione e così nessuno andò da nessuna parte. In verità, ci sarebbe stata una facile soluzione: il figlio poteva accompagnare il padre al cinema, poi la madre al centro commerciale, andare al concerto e tornare a riprenderli sulla via del ritorno. Ma poiché nessuno di loro volle neppure prendere in considerazione la validità del desiderio degli altri, la soluzione più pratica sfuggì completamente a tutti e tre.

Ci sono persone capaci di vedere il quadro generale della vita – la macro-prospettiva – ma ciò le porta spesso a trascurare le piccole cose che fanno la differenza: un sorriso amorevole, una parola di consolazione, un'azione premurosa. Di una simile persona si dice: "Certo che ama l'umanità, ma odia le persone!".

Altri tendono ad avere una micro-prospettiva, ma ciò rende spesso limitata la loro visione della vita; si concentrano troppo su un compito o su un settore, senza tenere in considerazione la correlazione con tutto il resto.

Una volta, un uomo appena assunto aveva ricevuto l'incarico di dipingere la linea bianca al centro di una strada. Il primo giorno ne dipinse circa dieci chilometri, il giorno successivo cinque e il giorno appresso, meno di due. Quando il caposquadra chiese al nuovo lavoratore perché ogni giorno dipingesse un tratto sempre più breve, egli rispose frustrato: "Non riesco a fare di meglio. Mi allontano ogni giorno di più dal barattolo del colore!".

In modo analogo, la maggior parte di noi vede il mondo solo dalla propria prospettiva, non da quella di qualcun altro, né sa vedere il tutto. Amma, invece, vede l'insieme e, nello stesso tempo, la sua consapevolezza fluisce verso ciascun individuo come parte di quell'insieme. Questa visione olistica (*samashti drishti*) non deriva semplicemente dal concentrarsi sul grande anziché sul piccolo, ma è basata sul principio spirituale fondamentale che la Coscienza suprema pervade l'universo come unico filo della Vita, il *Sutratma*, che congiunge tutti gli esseri e tutte le cose. "L'amore è la manifestazione del vero Sé", afferma Amma. "È l'amore che lega tutta la creazione su un unico filo. Ecco perché si dice che Dio è Amore".

Nella *Bhagavad Gita*, Sri Krishna afferma:

mattaḥ parataraṁ nānyat kiṁcid asti dhanaṁjaya
mayi sarvam idaṁ protaṁ sūtre maṇigaṇā iva

Nulla è in alcun modo più elevato di Me, o Dhananjaya.
Tutto è legato saldamente a Me, come una serie di perle
in una collana.

(7.7)

Dalla sua prospettiva universale, Amma afferma che i problemi evidenti oggi nel mondo sono solo la manifestazione tangibile dei problemi nella mente degli esseri umani. Noi dimentichiamo spesso che il tutto non è che un insieme di parti che include ciascuno di noi. "La società è fatta di individui", dice Amma. "È il conflitto nella mente individuale che si manifesta all'esterno come guerra. Quando l'individuo cambia, automaticamente cambia anche la società. Nella mente esistono l'odio e il desiderio di vendetta, ma anche la pace e l'amore". E nel discorso tenuto alle Nazioni Unite nel 2000, Amma ha sottolineato che "...il conflitto nella società nasce dal conflitto presente nell'individuo".

Il fattore determinante della qualità del mondo in cui viviamo è, dunque, la mente di ogni individuo. I semi invisibili dei problemi effettivi del mondo sono nel cuore degli esseri umani. Quindi, oltre a risolvere i sintomi fisici evidenti al livello della società, è altrettanto importante esaminare l'origine di questi problemi dentro noi stessi. Se si potrà risolvere il conflitto presente nella nostra mente, allora gli esseri umani potranno godere di maggiore pace e prosperità, ovunque.

Quando andiamo dall'oculista, ci viene mostrato un tabellone di lettere e numeri posto all'altra estremità della stanza. La nostra vista viene dunque valutata sulla base di quanto riusciamo a vedere da una certa distanza, confrontato con quanto vede una persona dalla vista perfetta. Questa misurazione è chiamata "frazione di Snellen", dal nome dell'oftalmologo olandese Hermann Snellen, che nel 1863 sviluppò la classica tabella delle lettere. Da allora, si riconosce che la frazione di Snellen "10/10" indica una vista perfetta.

Snellen determinò la dimensione delle lettere della sua tabella paragonando la vista di un grande numero di pazienti a quella del suo assistente, che era in grado di vedere molto chiaramente oggetti lontani, ma i resoconti storici non spiegano come Snellen sapesse che il suo assistente avesse una vista "perfetta". Questo significa che il nostro standard di vista perfetta è basato sull'acutezza visiva di un solo uomo, scelto più o meno arbitrariamente per la vicinanza allo scienziato che stava sviluppando il sistema di misurazione. Eppure, tutti lo accettano come il modello perfetto della chiarezza e precisione visiva.

In modo analogo, tutti noi accettiamo che ci sia un modo perfetto e di buon senso di osservare il mondo, nonostante sappiamo che i sensi umani sono molto limitati. Anche nel raggio immediato del nostro corpo fisico vi è molto di cui non siamo consapevoli. A molti livelli, persino i cani dimostrano una maggiore consapevolezza dell'ambiente circostante. Ci sono frequenze sonore non percepibili dall'orecchio umano che un cane può udire chiaramente, oltre a essere in grado di rilevare uno spettro di odori per noi inesistenti. In India, si dice che un cane possa addirittura vedere esseri sottili invisibili all'occhio umano; questo spiega perché i cani talvolta abbaino senza un'apparente ragione.

C'è inoltre il fatto poco noto che, in confronto al numero di esseri umani che vi persero la vita, nello tsunami del 2004 quasi nessun animale rimase ferito. In tutta l'Asia meridionale, gli animali sembrarono captare l'arrivo della catastrofe e si misero in salvo sulle alture. In diversi casi, dei turisti nei parchi naturali videro gli elefanti salire sulle colline e ritennero prudente seguirne l'esempio. Questa decisione rappresentò la differenza tra la vita e la morte.

È chiaro che in certi casi gli animali hanno sviluppato più finemente di noi determinate abilità sensoriali e senza dubbio possiamo accettare che ci siano individui con una finezza sensoriale maggiore della nostra. Proprio come ci possono essere esseri umani con una vista migliore di quella dell'assistente di Hermann Sneller, è possibile che esistano esseri umani con un modo più evoluto di guardare il mondo?

Da un punto di vista pratico, possiamo facilmente constatare che il modo di Amma di vedere il mondo è molto più efficiente, benefico e di più vasta portata rispetto al nostro. Amma vede la propria Coscienza in tutti. "Voi non siete diversi da me", dice. "Voi e io siamo uno". Grazie a questa prospettiva, Amma è perfettamente in pace in ogni situazione ed è in grado di comunicare quella pace a chiunque incontri. Non vedendo alcuna differenza tra noi stessi e gli altri, come potremmo odiarli o giudicarli? Potremmo soltanto amarli. Nel vedere tutti come estensioni di se stessa, Amma non può che protendersi per accarezzare e confortare ogni persona che incontra. Nonostante le apparenti differenze esteriori, alla base c'è un'unica Coscienza. Amma spiega: "Qualunque sia il colore di una mucca, il suo latte è sempre bianco. Allo stesso modo, indipendentemente dalla cultura e dal carattere delle persone, la Coscienza che le illumina è una sola". La visione di unità di Amma è in effetti l'essenza della spiritualità. È la visione che Amma desidera per tutti noi, poiché sa che percepire questa realtà è la sola cosa che ci donerà la pace, a noi come individui e al mondo nel suo insieme.

In questo mondo così pieno di violenza, odio, conflitti religiosi e scontri tra culture, qual è la prospettiva più corretta: il nostro mondo, pieno di differenze e divisioni, o quello dei *mahatma*[1],

---

[1] Letteralmente "grande anima". Sebbene il termine sia oggi usato in modo più ampio, in questo libro il termine mahatma si riferisce a chi dimora nella consapevolezza di essere uno con il Sé universale, o Atma.

colmo di unità e armonia? Io direi che sono i mahatma ad avere l'autentica vista perfetta, e che è con il loro prezioso modello che noi tutti dobbiamo misurare la nostra visione della vita. In questo modo potremo certamente ampliare la nostra prospettiva e iniziare a vedere il mondo – e noi stessi – con chiarezza cristallina.

Capitolo 2

Castelli di sabbia e di pietra

"La realtà è solo un'illusione, seppure molto persistente".

– Albert Einstein

"Ho sognato di essere una farfalla che volava nel cielo, poi mi sono svegliato. Ora mi chiedo: sono un uomo che ha sognato di essere una farfalla o sono una farfalla che sta sognando di essere un uomo?".

– Chuang Tzu

Un pilota di aerei dalla vista molto debole riusciva a superare le visite periodiche memorizzando preventivamente le apposite tabelle. Un anno, però, l'oculista usò un nuovo tipo di tabella che il pilota non aveva mai visto. L'uomo continuò a ripetere a memoria i dati della vecchia tabella e fu così che la dottoressa capì di essere stata ingannata.

In realtà, l'uomo si rivelò essere quasi cieco. L'oculista non riuscì a contenere la sua curiosità: "Come può riuscire a pilotare un aereo una persona con una vista come la sua?".

"Oh, è tutto completamente automatico, ormai! I computer di bordo conoscono la nostra destinazione e a me basta inserire il pilota automatico perché l'aereo voli praticamente da solo".

"Questo posso capirlo," rispose la dottoressa, "ma come fa per il decollo?".

"Semplice: conduco l'aereo sulla pista, spingo l'acceleratore al massimo, tiro indietro la cloche e via, si parte!".

"Ma proprio non capisco come faccia ad atterrare!", insistette l'oculista.

"Ah, quella è la parte più facile. Mi basta seguire le luci di segnalazione dell'aeroporto per immettermi nella giusta corsia di atterraggio. Poi rallento, aspetto il grido di terrore del copilota, alzo la cloche per sollevare il muso dell'aereo e atterriamo perfettamente".

Ognuno ha il suo modo particolare di vedere e valutare le proprie esperienze, le persone e le cose del mondo, tuttavia una prospettiva che a noi sembra perfettamente reale può non esserlo per gli altri. Due persone che condividono lo stesso ambiente possono vivere in mondi veramente molto differenti.

Le Scritture del *Sanatana Dharma*[1] descrivono tre livelli di realtà: *pratibhasika satta* (realtà apparente), *vyavaharika satta* (realtà empirica o relativa) e *paramarthika satta* (realtà assoluta). In questo contesto, ci riferiremo a esse rispettivamente come a realtà soggettiva, realtà oggettiva e realtà assoluta.

La realtà soggettiva si riferisce alle esperienze che hanno realtà soltanto per chi le sperimenta e per nessun altro. Esempi di questa realtà soggettiva sono i sogni, le allucinazioni e le visioni. La realtà soggettiva di una persona può essere completamente diversa da quella di un'altra, e ciò che sembra reale a qualcuno può non rientrare neppure nell'immaginazione di un altro.

Una volta, in un manicomio, uno psichiatra stava esaminando i suoi pazienti lungodegenti per verificare se fossero pronti a rientrare in società. "Dunque, nella sua cartella leggo la segnalazione per la sua dimissione", disse il medico a uno di questi pazienti. "Ha già un'idea di quello che potrebbe fare una volta a casa?".

"Ah, ecco... ho frequentato la facoltà di ingegneria meccanica," rispose l'uomo, pensieroso. "Quello è ancora un settore

---

[1] La Via Eterna della Vita", nome originale e tradizionale dell'Induismo.

valido, però pensavo di scrivere un libro sulle mie esperienze in questo ospedale".

Il medico annuì con approvazione.

Il paziente continuò: "La gente potrebbe trovare interessante la lettura di un libro di questo tipo. Inoltre, ho pensato che potrei ritornare all'università e studiare storia dell'arte".

Il medico annuì di nuovo, commentando: "Sì, sembrano possibilità molto allettanti".

Il paziente, però, non aveva ancora terminato. "E l'aspetto migliore è che, nel tempo libero, potrei continuare a essere una teiera!".

La realtà soggettiva è totalmente personale e la vicinanza non conta: un sogno o una visione che appaiono molto reali a una persona non avranno alcuna realtà per un'altra, anche se fosse seduta vicino al sognatore. Tutti abbiamo avuto l'esperienza di un sogno estremamente vivido; quando, però, abbiamo cercato di condividerlo con un'altra persona, il più delle volte abbiamo scoperto che non era particolarmente interessata, perché per lei il sogno non poggiava sulla realtà, ma era solo una creazione della nostra immaginazione.

La realtà oggettiva è ciò che la maggior parte delle persone sperimenta nella vita quotidiana. Se siamo seduti su una sedia, capiamo che è una sedia, e non una nave spaziale; similmente, tutti sono in grado di sentire il calore del fuoco e nessuno entrerebbe in una casa in fiamme! Questa è la realtà oggettiva. Quando qualcuno vi dice di accettare la realtà, sottintende quella oggettiva del mondo così come i più la vedono e la sperimentano. La realtà oggettiva è per loro la sola realtà – l'unica possibilità.

Tuttavia le Scritture affermano che la realtà oggettiva non è assoluta, ma è reale solo relativamente. È perché ognuno guarda il mondo dal punto di vista del corpo fisico che la realtà oggettiva viene scambiata per la realtà suprema. Tutti hanno come punto

25

di riferimento comune il corpo fisico e da tale punto di vista è vero che questo mondo è reale. Spostando il punto di vista, però, esso diventa irreale. Ad esempio, per chi sta sognando, il mondo della veglia non ha alcuna realtà.

Naturalmente, nessuno prende sul serio il punto di riferimento del sognatore, se non per esprimere solidarietà a chi è preda di un incubo. Ma esiste anche un altro punto di riferimento che merita di essere preso seriamente: quello dei mahatma. Questo è il terzo livello di realtà descritto nelle Scritture – paramarthika satta, ovvero la realtà assoluta.

La realtà soggettiva e quella oggettiva dipendono interamente dalla realtà assoluta: non potrebbero neppure esistere senza di essa che, pur trascendendole, è il loro substrato. Mentre state leggendo questo libro, siete consci del vostro corpo e del libro; forse siete riconoscenti di avere mani che lo sostengono e occhi che ne leggono le parole, ma quanti si ricordano che è la luce che ci consente effettivamente di leggere? Allo stesso modo, è la realtà assoluta che rende possibile ogni forma di percezione. In sua assenza, tutto è assente. Al tempo stesso, la realtà assoluta è oltre la percezione.

Esaminiamo la cosa da un'altra angolazione, facendo l'esempio dei gioielli d'oro e dell'oro come elemento. L'oro è il substrato dei gioielli: senza di esso, infatti, i gioielli non esisterebbero, eppure, nello stesso tempo, li trascende. L'oro rimane tale sia che i gioielli esistano, sia che non esistano, e, dunque, per quanto riguarda i gioielli, l'oro è la realtà assoluta. Le forme ornamentali dei gioielli – anelli, collane, braccialetti – sono reali solo in senso relativo.

Amma afferma: "Io non faccio distinzioni tra materiale e spirituale. Le onde e l'oceano non sono due cose separate. L'oggetto non è diverso dal materiale di cui è fatto: è la medesima sostanza in una forma diversa. Similmente, il Creatore e il creato non sono due cose diverse, sono una cosa sola".

Con riferimento al corpo, alla mente e all'intelletto, la realtà assoluta è la pura Coscienza che li anima, l'Atma. Se la Coscienza è presente, anche il corpo, la mente e l'intelletto possono funzionare, ma senza di essa non potrebbero neppure esistere, e tanto meno funzionare. E persino quando il corpo, la mente e l'intelletto scompaiono, la Coscienza resta. Nella *Bhagavad Gita*, Sri Krishna dichiara:

aham ātmā guḍākeśa sarva-bhūtāśaya-sthitaḥ
aham ādiśca madhyaṁ ca bhūtānām anta eva ca

O Arjuna, Io sono la Coscienza suprema
che dimora nel cuore di tutti gli esseri viventi.
Io sono l'inizio, il centro e la fine
di tutti gli esseri viventi.

(10.20)

È questa natura eterna della Coscienza che permise ai *rishi* (veggenti) di descrivere l'Atma come assolutamente reale. Essi elaborarono un criterio semplice e logico per determinare se una cosa può essere considerata vera, o reale, in senso assoluto: solo se esiste immutata nei tre periodi di tempo – passato, presente e futuro – può essere definita reale. Ogni altra cosa è temporanea o "reale in senso relativo". Così, quando preghiamo: 'Portami dalla non-verità alla Verità', preghiamo per sviluppare la capacità di elevare la nostra consapevolezza dall'attuale livello di realtà relativa – non-verità – al livello della pura Coscienza, della Verità suprema.

In sogno, siamo del tutto inconsapevoli del mondo di veglia, ma al risveglio realizziamo subito l'irrealtà del sogno che ci era sembrano tanto reale, e inoltre capiamo che nel sogno tutto era creato solo da noi.

Sappiamo che chi sognava è la stessa persona che ora è sveglia, poiché ricordiamo ciò che abbiamo sognato. Se si trattasse di due entità separate, non potremmo ricordarci i sogni. Ovviamente, non siamo in grado di ricordare tutti i sogni, ma questo non significa che siamo un'altra persona rispetto a quella che ha sognato. Solo perché non ricordiamo l'esperienza della nostra nascita possiamo forse affermare di non essere nati? Dopotutto, ci ricordiamo proprio ogni dettaglio di quello che abbiamo fatto ieri?

Quando siamo immersi nel sogno, abbiamo la convinzione che il mondo del sogno sia la sola realtà. Soltanto al risveglio smettiamo di identificarci col sogno e ritroviamo la nostra identificazione col corpo fisico e col mondo che ci circonda. Con un sospiro di sollievo dichiariamo: "Come sono felice che non fosse reale!".

Lo stesso concetto è valido anche per la nostra vita nello stato di veglia. Attualmente siamo assolutamente convinti che lo stato di veglia sia il solo reale, ma quando realizzeremo la realtà assoluta, che è la base della realtà relativa nella quale siamo stabiliti ora, sapremo che non siamo un individuo limitato, ma la Realtà stessa, e che il mondo di veglia è creato interamente da noi. Questo non comporterà la scomparsa del mondo di veglia come accade al mondo di sogno per chi si sveglia, ma saremo in grado di vedere l'unità che pervade l'apparente diversità del mondo di veglia.

Un giorno, un sovrano stava controllando i confini del suo regno; da un lato c'era il mare, e il re si fermò un momento sulla spiaggia a osservare due ragazzini che stavano costruendo due castelli di sabbia. All'improvviso, i due piccoli iniziarono a litigare e uno di loro distrusse con un calcio il castello dell'altro. Questi, vedendo il re non lontano, andò da lui a lamentarsi dell'ingiustizia subita. Il sovrano rise del turbamento del bambino causato da due banali castelli di sabbia e continuò a ridere, fino a quando il suo consigliere spirituale osservò: "Come potete ridere di due bambini che litigano per dei castelli di sabbia, quando voi stesso dichiarate guerre e passate notti insonni, preoccupato per i vostri castelli di pietra?".

Per i bambini, i castelli di sabbia erano la realtà suprema, che per il sovrano era invece rappresentata dai castelli in pietra. I bambini erano immersi nella loro realtà soggettiva e il re in quella oggettiva. Ma per il maestro che ha realizzato la realtà assoluta, tali realtà sono entrambe non reali – sono una sorta di stato di sogno.

Mentre siamo immersi nella realtà soggettiva, il mondo fisico dei nomi e delle forme è molto reale e i sogni della notte prima sono considerati irreali. Ma per il sognatore il mondo di veglia non è reale, e per chi si trova nello stato di sonno profondo né il sogno né lo stato di veglia hanno alcuna importanza, non sono reali. Dunque, l'unica realtà assoluta è la pura coscienza, quell'‘Io’ che testimonia i tre stati di consapevolezza: veglia, sogno e sonno profondo. Ecco perché la realtà assoluta della pura Coscienza è chiamata anche Atma, il vero Sé che è in tutti gli esseri viventi.

In Tamil Nadu si racconta la storia realmente accaduta di un sovrano che ricevette una lezione ancora più profonda. Il re incaricò uno dei suoi ministri di acquistare molti cavalli di razza, ma l'uomo, grande devoto del Signore Shiva, spese il denaro in carità e nella ricostruzione dei templi. Quando scoprì la sua trasgressione, il re lo fece subito imprigionare.

Poco tempo dopo, all'arrivo del monsone, uno dei fiumi del regno ruppe gli argini. Il re dichiarò lo stato di emergenza e ordinò che un membro di ogni famiglia collaborasse a rinforzare le muraglie lungo le rive del fiume per prevenire l'allagamento del regno. Una donna piuttosto anziana, unica superstite della sua famiglia, fu costretta a partecipare. Troppo vecchia per svolgere un lavoro manuale, e incapace a trovare un sostituto, la donna pregò il suo amato Signore Shiva affinché l'aiutasse in qualche modo.

Disperata, alzò lo sguardo e davanti a sé vide un uomo mai visto prima, nonostante avesse vissuto nel piccolo regno per tutta la vita. L'anziana donna gli si avvicinò e disse: "Caro giovane, per favore fai la mia parte di lavoro e sollevami da questo peso, per te sarà una cosa da niente".

L'uomo rispose: "Io non lavoro gratis, mi devi dare qualcosa in cambio".

La povera vecchia non aveva altro da offrirgli che del *puttu* (un piatto di riso e cocco), che preparava ogni giorno per sbarcare il lunario. Quando gli spiegò come stavano le cose, l'uomo disse: "Per me va bene. Dammi da mangiare e io lavorerò per te".

Così la donna condusse il giovane a casa sua e gli servì un'abbondante colazione. Dopo aver mangiato, egli si recò sulla riva del fiume ma, anziché fare la sua parte, si limitò a starsene là a chiacchierare con gli altri, distraendoli a loro volta dal lavoro. Avendo notato la cosa, uno dei sorveglianti avvisò il re, il quale si avvicinò all'uomo e cominciò a picchiarlo con un bastone.

L'uomo non protestò, ma accadde una cosa strana: nel momento in cui il bastone lo colpì, tutti sentirono dolore, come se il pezzo di legno avesse picchiato loro. Tutta la cittadinanza, incluso lo stesso re, urlò di dolore.

Veramente stupefatto, il re indietreggiò e lasciò andare lo strano giovane per la sua strada. Dopo alcuni passi, questi svanì nell'aria.

Vedendo ciò, il sovrano capì di aver ricevuto una visita del Signore in persona, e che Dio gli aveva mostrato che la Coscienza è presente in tutti gli esseri viventi. Inoltre, si rese conto che il Signore lo aveva indirettamente rimproverato per il trattamento che aveva riservato al suo pio ministro. Il re abbandonò il luogo dei lavori e andò dritto alla prigione, dove ordinò che il suo ministro fosse rilasciato e riabilitato. Dopo il rilascio, il re riconobbe: "Pensavo che le casse del palazzo mi appartenessero ed è per questo che ti ho punito, ma ora comprendo che tutto appartiene a Dio e che tu hai speso il denaro nel modo giusto".

Quando sappiamo che il nostro vero Sé è pura Coscienza, e che noi siamo una cosa sola con Dio, capiamo che tutto ciò che accade nei tre stati – sonno profondo, sogno e veglia – non può toccare o limitare quello che siamo veramente. Questa libertà da tempo e spazio, o *jivanmukti*, è la sorgente di pace e beatitudine illimitate, ed è la meta dell'anima umana.

Capitolo 3

Andare oltre la realtà relativa

"Solo chi è già sveglio può svegliare gli altri".

— Amma

"Il massimo della libertà umana è scegliere la propria strada in ogni circostanza".

— Victor Frankl

Una volta, un uomo arrivato da poco in un paese straniero si recò al mercato. Qui, notò un frutto molto invitante che non aveva mai visto prima. Sicuro che fosse delizioso, ne acquistò un intero sacchetto, poi sedette sulla panchina di un parco per assaporare la sua scoperta. Con grande entusiasmo addentò il primo frutto, ma lo trovò terribilmente piccante. Lo mise da parte pensando: "Forse me ne è capitato uno cattivo. Proviamone un altro!", ma il secondo aveva un sapore altrettanto forte. Passandosi la lingua sulle labbra in fiamme, decise di tentare la sorte e morderne un terzo: stesso risultato. Pensando che probabilmente tutti i frutti in cima al sacchetto fossero andati a male, rovistò sul fondo; ogni nuovo frutto, però, era più piccante del precedente, tanto da farlo lacrimare. L'uomo non demorse, e solo dopo aver dato fondo all'intero sacchetto di peperoncini fu costretto a concludere che quel nuovo *frutto* non era ciò che aveva pensato.

Possiamo sorridere della stupidità dell'uomo, ma non siamo forse anche noi incapaci come lui di imparare dai nostri errori?

Anche noi continuiamo a cercare soddisfazione passando da una cosa all'altra e, alla fine, proprio come all'inizio, veniamo premiati con nient'altro che un frutto amaro.

Swami Purnamritananda, uno dei primi discepoli di Amma, racconta il seguente episodio. Un giorno stava traducendo per Amma, quando arrivò un uomo dall'aspetto disperato. Quando Amma gli chiese quale fosse il suo problema, egli spiegò che da mesi stava cercando un lavoro, ma non l'aveva trovato e stava pensando addirittura al suicidio. Amma lo consolò e gli chiese di sedere vicino a lei. Più tardi, un'altra persona depressa raccontò ad Amma di sperimentare tanta tensione al lavoro e difficoltà economiche tali da preferire la morte. Amma gli asciugò le lacrime e gli chiese di sederle accanto. Dopo un poco, arrivò da Amma una coppia in lacrime. I due confidarono che, nonostante anni di consulti medici, non erano ancora riusciti ad avere un figlio. E subito dopo, un'altra coppia comunicò, col cuore pesante, che il loro unico figlio li aveva ripudiati, citandoli perfino in giudizio. Più tardi, una donna di una certa età arrivò piangendo perché non era riuscita a trovare marito, e temeva di essere ormai troppo vecchia per un pretendente. E infine arrivò un'altra donna, la quale disse che il matrimonio le aveva reso la vita un inferno.

Alcune di queste persone erano andate da Amma perché volevano qualcosa e altre, invece, per liberarsi di quella stessa cosa. Ma tutte avevano in comune il fatto di essere infelici e di attribuire la colpa di questa infelicità alle circostanze della loro vita.

C'è un'antica parabola di epoca Romana su un somaro che non era mai soddisfatto. All'inizio l'asino apparteneva a un mercante di erbe ma, ritenendo che il suo padrone gli desse troppo poco cibo e troppo lavoro, invocò il dio Romano Giove affinché lo liberasse da quel lavoro e gli procurasse un altro padrone. Giove lo avvisò che si sarebbe potuto pentire della richiesta, ma il somaro insistette e dunque Giove fece in modo che fosse venduto a un muratore. Ma poco tempo dopo, resosi conto che doveva portare carichi pesanti e svolgere un lavoro molto duro nella mattonaia, chiese un altro cambio di padrone. Giove gli disse che avrebbe acconsentito alla sua richiesta per l'ultima volta. Il somaro accettò e Giove fece in modo che fosse venduto a un conciatore. Trovando di essere finito in mani ancora peggiori, il somaro ragliò: "Sarebbe stato meglio per me patire la fame col primo padrone, o essere caricato di lavoro dal secondo, piuttosto che essere comprato da quest'ultimo, che concerà la mia pelle e mi userà anche da morto!".

In verità, nessun cambiamento delle circostanze esterne ci porterà una pace e una felicità durevoli. Ogni soluzione comporta una serie di problemi che richiedono ulteriori soluzioni.

Inoltre, ci sono casi nei quali incontriamo problemi che non hanno una soluzione esteriore, e possiamo trovarci in situazioni senza via d'uscita. Alcuni lettori forse conoscono la storia di Victor Frankl, lo psichiatra ebreo che durante l'olocausto passò tre anni nei campi di concentramento. Nei campi Frankl perse la moglie, il fratello e i genitori, e sapeva di correre il rischio di essere ucciso da un giorno all'altro, ma scoprì che, indipendentemente da quello che gli era stato strappato e da qualunque indegnità e atrocità subita, conservava quello che più tardi avrebbe chiamato "il massimo della libertà umana". Sebbene fosse stato privato di ogni libertà esterna, comprese che qualcosa gli apparteneva sempre: la libertà interiore di non lasciarsi andare o di darsi per vinto. Osservando in modo distaccato tutto quello che gli accadeva, poteva restare libero di scegliere come reagire, se lasciarsi coinvolgere oppure no. Rimanendo in qualche modo distaccato dal mondo oggettivo – vedendo che era reale soltanto in senso relativo e che la sua consapevolezza interiore rimaneva intatta – fu in grado, in una certa misura, di mantenere il controllo delle emozioni e prestare il suo servizio di psichiatra ai compagni di prigionia. Durante il tempo trascorso nei campi di concentramento, rappresentò un faro di speranza e di ispirazione per gli altri prigionieri ed ebbe un effetto di trasformazione perfino su alcune guardie. Come aveva scoperto Victor Frankl, la sola vera soluzione al dramma della sofferenza umana è andare oltre la realtà relativa del mondo oggettivo.

Amma dice che quando chi ci è vicino ha un problema, siamo sempre in grado di consolarlo e consigliarlo con calma, ma siamo sopraffatti quando una situazione analoga tocca a noi. Dobbiamo essere capaci di porre tra noi e i nostri problemi lo stesso tipo di distanza che abbiamo nei confronti dei problemi degli altri. Il processo di creazione di questa distanza equivale a coltivare una maggiore consapevolezza. In verità noi non siamo i problemi, non siamo il corpo, né la mente o l'intelletto che li stanno sperimentando. Il nostro vero Sé è pura Coscienza che non sperimenta nulla in sé, ma rende possibile l'esperienza. Questa coscienza testimone è la realtà assoluta. È necessario imparare a identificarsi con questa coscienza e divenire testimoni del problema, anziché identificarsi con esso. Questo tipo di costante consapevolezza ci aiuterà a identificarci con la realtà assoluta e ci eviterà di essere schiacciati dalle prove e dalle tribolazioni della vita sulla terra.

Se fossimo capaci di entrare nello stato di sogno senza dimenticare quello di veglia, ci renderemmo conto che tutto quello che si trova nel sogno è una nostra creazione. Se poi avessimo l'abilità di entrare nei sogni altrui e incontrassimo un sognatore che rifiuta di credere all'esistenza dello stato di veglia, gli potremmo consigliare di svegliarsi.

Al momento, non siamo ancora in grado di accettare che c'è un'altra realtà oltre questa e che tutto ciò che vediamo, che sentiamo, che sperimentiamo, è assolutamente una nostra creazione. Amma lo sa e desidera che lo comprendiamo anche noi, proprio come chi è in grado di entrare in un sogno senza dimenticare se stesso.

Recentemente, durante un programma di Amma a Trivandrum, quasi tutti i residenti dell'Ashram fecero il viaggio di tre ore per recarsi al programma. La notte precedente il programma, all'una, Amma uscì improvvisamente dalla sua camera, andò di stanza in stanza nella scuola dove tutti erano alloggiati e accese le luci, svegliando i suoi figli addormentati. Ferma sulla soglia, Amma chiese loro dolcemente di andare per un'ora o due a lavorare all'allestimento del programma sul lungomare. Migliaia di sedie dovevano essere predisposte per la sera seguente e Amma sapeva che sotto il sole cocente quello sarebbe stato un lavoro insopportabile. Ella non costrinse nessuno, ma disse che chi si sentiva ispirato poteva alzarsi e andare a lavorare. Normalmente, quando qualcuno ci sveglia nel cuore della notte, non siamo troppo felici di vederlo, specialmente se ci chiede di alzarci e di scavare dei fossati per decine di metri sulla spiaggia. Ma quando Amma lo fece, tutti furono entusiasti: sapevano che stava risparmiando loro una fatica più grande e desiderarono seguire le sue indicazioni. Questo è il segreto di Amma: i suoi figli sanno con la massima certezza che qualunque cosa lei chieda non è per il suo beneficio, ma per il loro. Questa è la ragione per la quale così tante persone seguono le sue orme, ed è così che le è stato possibile mobilitare un esercito di devoti volontari. Quando ci invita a risvegliarci dal nostro sonno, sappiamo che ci sta invitando a un mondo migliore e più luminoso di questo.

Recentemente, un bambino di appena due settimane fu portato al darshan di Amma. Tenendo il piccolo addormentato tra le braccia, Amma cominciò a soffiargli sul viso. Il bambino non reagì. Amma soffiò di nuovo e ancora non ci fu nessuna reazione, il piccolo restava nel suo sonno profondo. Ma Amma non desistette e continuò a soffiare lievemente sugli occhi e sul volto del bambino. Alla fine, le mani del piccolo cominciarono a muoversi e sembrò che stesse per svegliarsi, ma ricadde subito in un sonno profondo e immobile. Amma continuò, e gli occhi del bambino si aprirono come due fessure. Tutti i presenti iniziarono a dare segni di approvazione, incoraggiando i tentativi di Amma e facendo il tifo perché il neonato si svegliasse e fosse cosciente di quel momento benedetto. Ma gli occhi del piccolo si chiusero di nuovo. Amma riprese a soffiare senza stancarsi e, senza preoccuparsi di quante volte fallisse nel suo tentativo, non si diede per vinta. Alla fine, il bambino si svegliò e fissò Amma negli occhi.

Amma ha deciso di risvegliarci e non importa quanto tempo ci vorrà, non importa quante volte inizieremo a svegliarci e poi ricadremo nel nostro sonno profondo, Amma non demorderà.

Che il nostro risveglio sia imminente!

Capitolo 4

Decostruire l'attrazione

"Chi ha conquistato la propria anima... attrae a sé tutte le altre".

— Thiruvalluvar

Molti anni fa, prima che io mi unissi all'Ashram, una famosa attrice all'apice del successo fece un'apparizione vicino al luogo in cui vivevo. La donna era attorniata da una moltitudine di giovani che speravano di riuscire a stringerle la mano, di avere un suo autografo e di farsi scattare una foto accanto a lei. Alcuni decenni dopo, mentre mi stavo dirigendo verso il luogo in cui dovevo condurre un programma, passai vicino a un locale dove si trovava la stessa attrice. Ormai era anziana e notai che, a eccezione di un paio di segretari stipendiati, vicino a lei non c'era nessuno. Tutti i ragazzi si affollavano intorno a un'attrice molto più giovane, raggiante per l'attenzione e l'adorazione che le venivano dimostrate, apparentemente ignara che un giorno il suo destino sarebbe stato lo stesso di colei che l'aveva preceduta.

Nella nostra vita siamo fisicamente ed emotivamente attratti da molte cose, luoghi e persone, ma la maggior parte di queste attrazioni ha una natura temporanea. Per esempio, siamo attratti dall'aspetto fisico di una persona ma, quando la bellezza svanisce, anche l'attrazione se ne va.

Questo non significa che ci si debba lasciar sopraffare dalla disperazione pensando al futuro. Piuttosto, dovremmo ricordare e accettare serenamente la natura mutevole del mondo perché, in

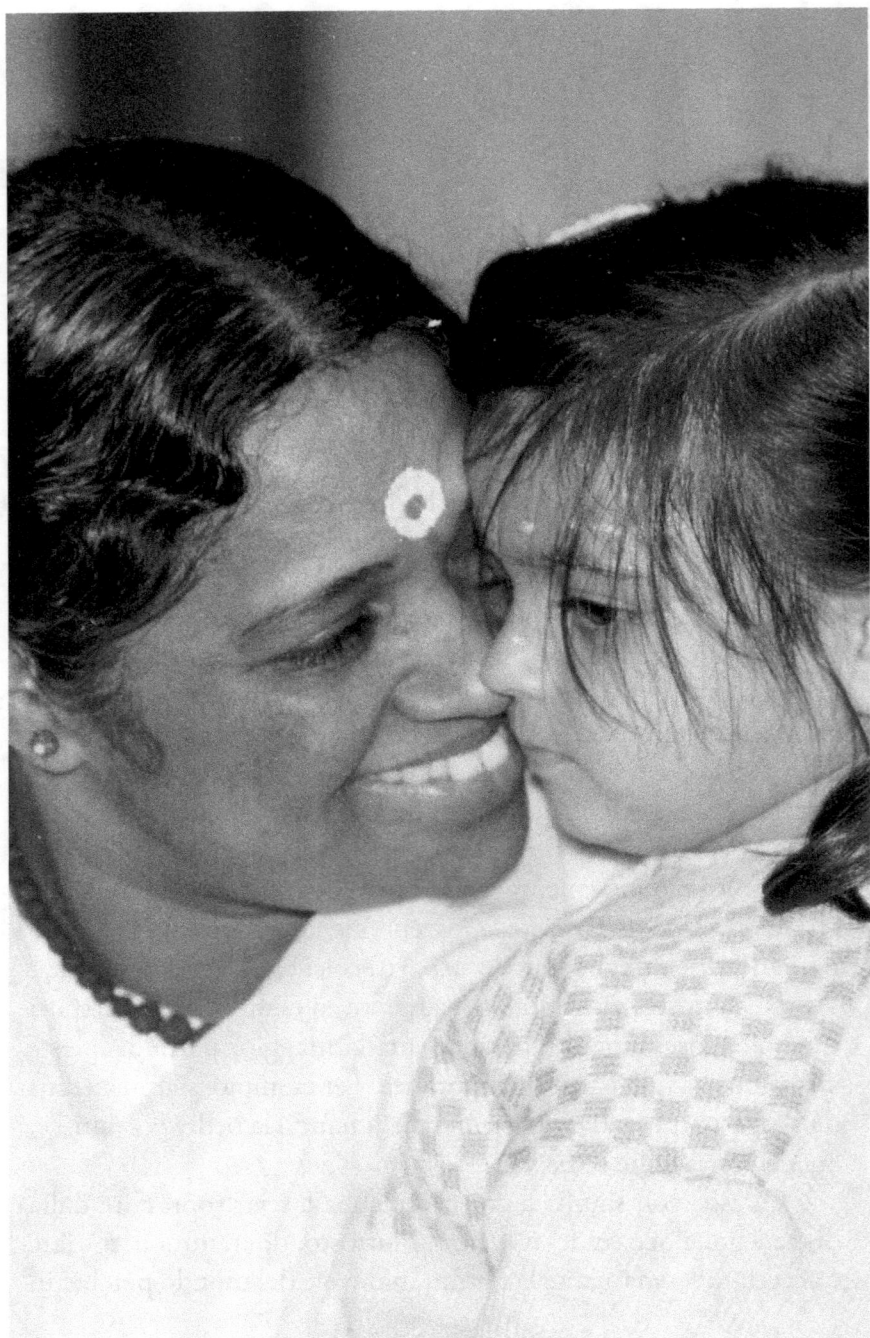

effetti, è solo quando l'accettiamo che possiamo impegnarci a raggiungere l'immutabile: il nostro vero Sé. E non solo: Amma dice che, si rida, o si pianga, i giorni passeranno, e che perciò sarebbe meglio ridere. Vi voglio raccontare una storiella in proposito.

Una volta, una donna di mezza età ebbe un attacco di cuore e fu portata all'ospedale. Sul tavolo operatorio ebbe un'esperienza di pre-morte. Nel vedere davanti a sé la macabra mietitrice, la donna sussurrò: "È arrivata la mia ora?".

La Morte rispose: "Non proprio. Hai ancora 43 anni, due mesi e otto giorni da vivere". A questa notizia la donna fu invasa da una tale gioia che, appena ripresasi dall'operazione, decise di restare in ospedale e sottoporsi a un lifting al viso, a iniezioni di botulino e a una liposuzione all'addome. Inoltre si fece tingere i capelli e sbiancare i denti. Poiché aveva ancora tanto da vivere, immaginò di doverne approfittare al massimo. Dopo l'ultimo intervento fu dimessa dall'ospedale ma, sulla via di casa, nell'attraversare la strada, fu investita da un'ambulanza.

Rivedendo davanti a sé la macabra mietitrice, le chiese: "Ero convinta mi avessi detto che avevo altri 43 anni da vivere! Perché non mi hai allontanata dalla traiettoria dell'ambulanza?".

La Morte rispose: "Scusami… non ti ho proprio riconosciuta!".

Naturalmente, l'attrazione può non essere meramente fisica: possiamo essere attratti da qualcuno per la sua personalità, il talento o le capacità intellettuali. Questo tipo di attrazione mentale può durare più a lungo di quella fisica, ma è temporanea anch'essa. Quando due persone divorziano per 'incompatibilità', sappiamo che anche il secondo tipo di attrazione è svanito.

Una donna stava cercando di consolare un'amica che aveva presentato istanza di divorzio. Quest'ultima improvvisamente disse: "Sai, avrei dovuto lasciarlo subito dopo la luna di miele".

"Perché?", chiese l'amica.

"Perché", rispose la donna, "aveva promesso di portarmi alle cascate del Niagara, ma si è limitato a portarmi due volte sotto il lavaggio auto, guidando lentamente!".

Esiste, tuttavia, un terzo tipo di attrazione che non scompare. È l'attrazione per l'Atma, il Sé supremo. Questo è il tipo di attrazione che proviamo quando guardiamo Amma. La maggior parte di noi deve impegnarsi duramente per mantenere l'attenzione della gente. Anche un comico deve essere sempre divertente, altrimenti il pubblico smetterà di seguirlo e guarderà altrove. Ma questo non è il caso di Amma. Qualunque cosa dica o faccia, la gente non riesce a staccare gli occhi da lei.

Durante uno dei suoi recenti tour all'estero, al termine di un programma di darshan serale, a un certo punto Amma si mise a giocare con dei giocattoli che qualcuno le aveva dato: con una fionda lanciava ripetutamente in aria una scimmietta di peluche. Osservando la scena, tutti erano travolti dalle risate e dall'allegria. Se a fare la stessa cosa fossi stato io, le persone forse non sarebbero state altrettanto contente e avrebbero probabilmente informato Amma che uno degli swami stava dando segni di squilibrio. Invece, il comportamento di Amma rese tutti i presenti pieni di gioia e di felicità.

Anche quando compie un'azione ordinaria, Amma attira l'attenzione di tutti. Durante il tour del sud India del 2007, una mattina, alla fine del darshan nel suo Ashram di Madurai, Amma decise di preparare un dolce tradizionale del Kerala chiamato *unniyappam*. Quando gli ashramiti e i devoti che viaggiavano con lei lo vennero a sapere, si diressero verso il tetto dove lei stava friggendo i dolci. Se al suo posto ci fosse stata una qualsiasi altra persona, nessuno si sarebbe recato deliberatamente a guardarla e avrebbe trovato certamente qualcos'altro da fare. Ma per un'ora e mezzo, 300 persone adulte rimasero semplicemente a guardare Amma che cucinava gli unniyappam. Né Amma né i suoi figli parlarono molto, eppure tutti rimasero attenti, concentrati su ogni movimento di Amma, su ogni suo gesto. Che cosa vi trovavano di tanto affascinante? Perché erano tutti così avvinti? In apparenza, non c'era che una donna che stava friggendo dei dolcetti. Naturalmente, a causa del nostro interesse per Amma, qualunque oggetto lei usi, qualsiasi luogo in cui lei si trovi, qualunque azione lei compia, diventa per noi affascinante. Perché siamo tanto attratti da Amma?

È lei stessa a rispondere a questa domanda: "Quando vediamo un frutto maturo, è sempre succoso e allettante. Un fiore completamente sbocciato è molto bello a seducente. In modo analogo, chi conosce la vera natura del Sé è come un fiore sbocciato o un frutto maturo".

Ogni qualità divina è come un petalo di quel fiore sbocciato. Se chiediamo a dieci persone perché sono attratte da Amma, riceveremo forse dieci diverse risposte. Alcune sono attratte dalla sua pazienza, altre dalla sua umiltà, altre dall'innocenza, dalla purezza, dalla compassione e altre ancora dal suo amore incondizionato. Altre persone, infine, sono attratte dalla sua conoscenza dell'Atma, il vero Sé. *Manase Nin Svantamayi*, un *bhajan* (canto devozionale) che Amma canta spesso, dice: "Il Signore attrarrà le anime sature di devozione come una calamita attira il ferro".

Nello stesso bhajan, si rivela che in verità è sempre l'anima che ci attrae, non il corpo che la ospita. Amma canta: "Perfino l'innamorato per il quale hai affrontato qualunque ostacolo, non curandoti nemmeno della tua stessa vita, si spaventerà alla vista del tuo cadavere e non ti accompagnerà nel viaggio oltre la morte". Quando l'anima non è più nel corpo, la nostra attrazione verso il corpo scompare. In realtà, la nostra attrazione naturale è per l'anima; noi amiamo il corpo solo per la presenza dell'anima.

Durante il tour del Nord America del 2007, mentre eravamo all'aeroporto di Seattle in attesa di procedere per l'Ashram di

Amma di San Ramon, in California, accadde un fatto. Eravamo in coda per i controlli, quando un addetto alla sicurezza si avvicinò a una delle devote indiane che viaggiavano con noi e guardandola disse: "È suo il volto che ho visto sul retro di un bus a Seattle?". Lievemente imbarazzata, la devota rispose negativamente e aggiunse che la persona cui si stava riferendo sarebbe sopraggiunta di lì a poco. Proprio allora arrivò Amma, che si accodò a una fila in attesa dei controlli, a 5 metri circa dalla guardia. Quando la devota gli indicò Amma, l'addetto alla sicurezza le chiese con innocenza: "Pensa che mi abbraccerebbe se glielo chiedessi? Non lo troverebbe strano?".

La devota gli assicurò che Amma abbracciava chiunque andasse da lei, perché considerava tutti come suoi figli. Senza staccare lo sguardo da Amma, l'uomo continuò: "E se volessi tenerle la mano? Le rincrescerebbe se andassi da lei un attimo e le prendessi semplicemente la mano?".

Di nuovo, la devota gli disse che non era un problema. Fiducioso, l'uomo iniziò a muoversi nella direzione di Amma ma, considerando che se avesse lasciato la sua postazione nessuno avrebbe potuto svolgere il suo lavoro, alla fine si rassegnò a limitarsi a guardare Amma mentre attraversava i cancelli della sicurezza, verso le uscite.

L'impiegato continuò a fissare Amma finché non scomparve dalla sua vista – era incantato dalla sua presenza e sebbene rimase fisicamente indietro quando Amma attraversò i controlli, il suo cuore si imbarcò con lei. Il solo biglietto di cui ebbe bisogno fu l'innocenza.

Nonostante la divinità sia presente in tutti, il suo grado di manifestazione corrisponde alla purezza mentale individuale. La mente di un mahatma è assolutamente pura e quindi la sua divinità risplende più luminosa che nelle persone ordinarie. Per spiegare questo concetto, Amma usa l'esempio di una lampadina di bassa potenza e di un'altra da 10.000 watt. L'elettricità che entra è la stessa, ma una emette più luce dell'altra. In modo analogo, la mente di un mahatma è così pura, così piena di pace, che anche le menti delle persone vicine sperimentano quella pace. Assomiglia alla teoria della vibrazione empatica. Associando quella pace mentale alla presenza del mahatma, sviluppiamo un'attrazione per lui (o lei). Quell'attrazione è in verità l'attrazione per l'Atma, per il vero Sé. Questa è la ragione per cui le caratteristiche fisiche e altri talenti del mahatma non sono importanti. C'era un maestro spirituale che non faceva nulla di particolare, stava sempre seduto, non indossava che un semplice perizoma, non parlava molto, anche in età molto avanzata, ma la gente continuava a fargli visita, perché la sua semplice presenza era piena di pace e di amore.

C'è una storia su Subramanya Bharati, famoso poeta e attivista per la libertà. Egli visse per qualche tempo a Pondicherry, dove c'era anche un barbone sempre vestito di stracci che trasportava sulle spalle un sacco di vestiti sporchi e spazzatura. La gente del posto non sopportava la vista di quell'uomo e quando lo vedeva arrivare, attraversava la strada o lo scacciava addirittura. Il poeta, invece, notò una lucentezza particolare negli occhi di quell'uomo e sentì emanare da lui un potere indicibile. Un giorno gli si avvicinò e gli chiese umilmente: "Anche se tutti qui sembrano provare repulsione per te, non posso fare a meno di sentire che in te c'è qualcosa che va oltre quello che si vede con gli occhi. Puoi dirmi per favore chi sei veramente?".

Il barbone gettò indietro il capo e scoppiò a ridere allegramente. Poi aggiunse enigmaticamente: "Chiedimi qualsiasi cosa, quello che vuoi, e allora saprai chi sono".

Pensando di non avere nulla da perdere, ma, anzi, forse molto da guadagnare, il poeta confessò all'uomo il suo più ardente desiderio. "Più di ogni altra cosa, vorrei vedere con i miei occhi la Dea Kali".

"Seguimi", annuì l'altro e, voltandosi, si allontanò.

Il poeta, piuttosto scettico, ma al tempo stesso in preda ad una crescente aspettativa, seguì l'uomo.

Questi lo condusse al pozzo del villaggio e poi lo invitò a guardare all'interno, nell'acqua.

Senza esitare, il poeta seguì le sue istruzioni e rimase pietrificato: sulla superficie dell'acqua, al posto del proprio volto riflesso, vide l'immagine di Kali in tutta la sua spendente gloria. Infine, l'immagine scomparve e il poeta si rivolse all'uomo vedendolo in una luce tutta nuova. "Il tuo aspetto esteriore è scarmigliato e ripugnante", confessò il poeta, "ma in verità tu hai gli dèi dentro di te".

"Esternamente sono sporco", ammise il mahatma, "ma all'interno sono puro. Perciò posso vedere Dio e posso anche mostrarlo agli altri". E così dicendo, scoppiò a ridere di nuovo, come se tutto fosse un gioco incantevole, e poi continuò per la sua strada solitaria.

Amma afferma che, anche se lo ignoriamo, qualcuno ci sta prendendo per modello. (È saggio ricordarcene quando scegliamo le nostre parole e azioni.) In modo simile, noi tendiamo a emulare quelli che ci attraggono, imitandone l'acconciatura, il modo di camminare, di vestire, ecc. e questo può estendersi anche a scelte di stile di vita e a decisioni che possono modificare radicalmente la nostra esistenza. Quando una celebrità fuma in pubblico, tra i giovani la vendita delle sigarette sale alle stelle. Quando viene commesso un orribile delitto, per spirito d'imitazione nei giorni seguenti tendono ad accadere casi simili. Ovviamente, quindi, imitare gli altri può essere pericoloso.

Un missionario novizio si recò per la prima volta in un paese di lingua spagnola. Nel tentativo di imparare la lingua, si recò in una chiesa locale e sedette in prima fila; per non fare brutta figura, decise di scegliere tra la folla qualcuno da imitare. Scelse l'uomo seduto nel banco vicino a lui. Quando il coro intonava un canto, l'uomo applaudiva e il missionario faceva lo stesso, quando l'uomo si alzava per pregare, anche lui si alzava, e quando l'uomo sedeva, anche il religioso si sedeva.

A un certo punto, il vicino si alzò di nuovo e il missionario lo imitò. All'improvviso la congregazione fu avvolta da un grande silenzio e alcuni presenti rimasero a bocca aperta. Il missionario si guardò intorno e si accorse che nessun altro si era alzato.

Quando la messa terminò, il giovane missionario andò ad incontrare il sacerdote, che commentò: "Immagino che lei non parli spagnolo".

Il missionario rispose: "No, infatti. È così evidente?".

"Non lo è stato finché non ho annunciato che la famiglia Acosta è stata di recente benedetta dalla nascita di un bimbo, e ho chiesto al fortunato padre di alzarsi!", rispose il prete.

Si dice: "Le apparenze sono così ingannevoli che tutti dovrebbero esibire un'etichetta che indichi chiaramente i loro ingredienti, proprio come per i cibi confezionati". Immaginatevi la scena! Potreste incontrare, ad esempio, un uomo affascinante, del quale, se si potesse leggere l'etichetta, si saprebbe che contiene soltanto il 10% della dose quotidiana consigliata di gentilezza e il 200% della razione giornaliera di arroganza... quante donne lo corteggerebbero? Scapperebbero a gambe levate! E ancora, l'etichetta di una bella donna ci farebbe scoprire che contiene soltanto il 5% della dose quotidiana consigliata di pazienza e il 250% di gelosia. Al contrario, sull'etichetta degli ingredienti di un mahatma si leggerebbe: "Insieme multivitaminico di qualità positive, con il 1000% della dose giornaliera consigliata di pazienza, amore, gentilezza, compassione e pace, e 0% di aspetti negativi".

Sfortunatamente, tali etichette non esistono per gli esseri umani, perciò quando ci sentiamo attratti da qualcuno dobbiamo usare il discernimento, provare a essere introspettivi e a capire quale tipo di attrazione stiamo provando, cercando di coltivare l'attrazione duratura e benefica, che sicuramente è quella per il vero Sé. Quando siamo attratti dal vero Sé nella forma di un mahatma, tutta la nostra vita cambia per il meglio. Amma dice: "Un solo sguardo, una parola, un gesto di un mahatma possono essere di grande beneficio per noi".

Quando siamo attratti da una persona comune, spesso diventiamo completamente dipendenti e perdiamo la nostra autonomia. Quando, invece, l'attrazione per un vero maestro è coltivata in modo adeguato, il mahatma ci conduce dalla dipendenza alla completa indipendenza, guidandoci lentamente a realizzare la nostra vera natura.

Molti anni fa, Amma mi assegnò il compito di servire il cibo ai devoti che venivano ogni giorno all'Ashram. Amma voleva che gli addetti a servire il cibo mangiassero solo dopo che tutti avevano già mangiato. Quando tutti avevano finito, dovevo pulire il pavimento della sala da pranzo e solo allora potevo mangiare. Per qualche motivo, non trovavo quel servizio particolarmente interessante e mi chiedevo spesso quando Amma mi avrebbe spostato a un altro settore. Poi, un giorno, Amma venne nella sala da pranzo e iniziò a servire il cibo lei stessa, portandolo a ciascun devoto laddove si trovava seduto. Io la seguivo e servivo un'altra portata. Quando i devoti ebbero terminato di mangiare, Amma pulì personalmente il pavimento della sala, nonostante i miei tentativi di impedirglielo.

Il giorno seguente, durante il servizio, mi tornò alla mente l'intenso ricordo del giorno precedente e scoprii che il mio atteggiamento nello svolgere il lavoro era ora completamente cambiato. Ricordando che il giorno prima Amma aveva fatto lo stesso lavoro, fui in grado di compierlo con tanto entusiasmo, sincerità e amore. E anche se questo è accaduto molti anni fa, in me il ricordo di quel giorno è ancora così forte che non perdo mai l'occasione di servire il cibo ai devoti che visitano l'Ashram.

Un altro fatto, avvenuto molti anni addietro, ebbe un impatto egualmente profondo su uno dei *brahmachari* (discepoli monastici). Un giorno, mentre stava dando il darshan, Amma si fermò per un momento; la sua attenzione sembrava essere altrove. Quindi, dichiarò in modo inequivocabile: "La mucca sta piangendo". Io ne fui sorpreso, perché in quel momento c'erano delle persone che stavano cantavano i bhajan ad alta voce e la stalla era piuttosto lontana dalla capanna del darshan. Inoltre, nessun altro aveva sentito il lamento della mucca. Ma Amma si alzò immediatamente, chiedendo ai devoti rimasti di attendere il suo ritorno, e si diresse alla stalla.

Quando vi arrivò, scoprì che la mucca non era stata né nutrita né pulita ed era ricoperta del proprio sterco. Amma chiamò il brahmachari responsabile della mucca e gli chiese perché l'animale si trovasse in quelle penose condizioni. Il brahmachari spiegò di aver dormito troppo quel mattino e che, non volendo far tardi per la meditazione, aveva saltato i suoi doveri nella stalla.

Amma allora gli chiese: "Come ti sentiresti se qualcuno si dimenticasse di darti da mangiare o se dovessi andartene tutto il giorno ricoperto di sporcizia senza poter fare un bagno? Anche svolgere con sincerità il tuo lavoro è una forma di meditazione. In realtà, occuparsi dei bisogni degli animali, che non hanno il dono della parola e perciò non possono dire quello che vogliono o ciò di cui hanno bisogno, non è meno importante della meditazione!".

Quindi, Amma diede da mangiare alla mucca e la lavò. Il brahmachari tentò di intervenire, ma Amma volle continuare a farlo da sola. Questa esperienza lasciò una forte impressione nel giovane, che da bambino era stato viziato e non era abituato a svolgere alcun lavoro manuale. Ma dopo aver visto Amma prendersi cura della mucca con tanto amore e attenzione, egli non mancò mai più di adempiere ai suoi doveri nella stalla.

Quel giorno, prima di lasciare la stalla, Amma raccontò al brahmachari la seguente storia. C'era una volta un medico molto devoto alla Madre Divina. Un giorno, durante la meditazione, gli apparve la Dea. Mentre stava gioendo dell'inaspettata visione, udì qualcuno che urlava fuori dalla porta di casa: si alzò immediatamente, corse dal paziente, si prese cura di lui e tornò alla stanza della *puja* (preghiera). Grande fu il suo stupore nel constatare che la Madre Divina era ancora nella stanza. Pieno di rimorso per averla fatta attendere, si scusò profusamente. Ella rispose: "Hai fatto la cosa giusta! Se non fossi andato a occuparti dell'ammalato, io sarei scomparsa immediatamente. Ma poiché hai messo la felicità di un altro prima della tua, sono stata costretta a restare qui ad aspettarti. Dio sarà sempre accanto ad una persona che serve gli altri in modo altruistico".

Questa è l'attrazione che ci condurrà definitivamente oltre la realtà oggettiva: quella di Dio o del guru per i suoi devoti. Durante il tour europeo del 2006, una sera, poco prima dell'inizio di un Devi Bhava, Amma disse all'improvviso: "La mia mente è attratta incessantemente da Amritapuri, dai miei figli che sono all'Ashram". Io non diedi molta importanza alla cosa, ma più tardi, alla fine del darshan, Amma poté parlare con i residenti dell'Ashram attraverso la webcam di un computer portatile. All'Ashram, era stato preparato un grande schermo affinché i residenti potessero vedere Amma ed ella poteva vedere i loro volti riuniti davanti alla telecamera, grazie al portatile.

Guardando amorevolmente i volti dei suoi figli, Amma disse: "Sono settimane che non vi vedo. Come state tutti? Avete qualcosa da dire ad Amma?".

Nel sentire la voce di Amma, gli abitanti dell'Ashram gridarono tutti insieme: "*Ammaaaa! Ammaaaa!*".

Amma ripeté la domanda: "Figli miei, avete nulla da chiedere ad Amma?".

E di nuovo essi gridarono all'unisono: *"Ammaaaa! Ammaaaa!"*.

Osservando questa scena, capii perché Amma si era sentita tanto attratta dai suoi figli di Amritapuri. La mente dei residenti dell'Ashram era satura solo del pensiero di Amma. Non avevano neppure desideri o problemi da confidarle, solo un amore immenso e senza richieste. Non si può dire che Amma avesse un debole per loro: in verità non ebbe altra scelta che pensare a loro. Amma dice che un fiume non ha il desiderio di scorrere in una direzione anziché in un'altra, scorre e basta, ma quando vicino al fiume si scava un canale, il fiume vi si riversa dentro. In modo simile, quando abbiamo un forte desiderio di Dio o del guru, questi non avrà altra scelta che venire da noi.

Un altro episodio, accaduto durante lo stesso tour, dimostra l'intensità dell'attrazione che Amma sente per i suoi devoti. In Europa, dopo un darshan molto lungo, Amma si stava dirigendo verso la sua stanza per trascorrere il breve intervallo tra il programma del mattino e quello della sera. I devoti erano disposti lungo il percorso da entrambi i lati, Amma toccava loro le mani e si fermava spesso a parlare con una persona o con l'altra. I devoti di turno coglievano quest'opportunità per ricevere un altro abbraccio. A un certo punto ricordai ad Amma: "Queste persone hanno già avuto il darshan oggi e potranno rivederti già tra un paio di ore… potresti usare questo tempo per riposare un poco".

Amma rispose: "Niente mi fa più felice che stare con i miei figli. Per quale altro motivo credi che io sia qui?".

In ogni relazione, bisogna che l'attrazione sia reciproca, perciò, per prima cosa dovremmo coltivare la nostra attrazione verso Amma e poi cercare di diventare più attraenti per lei. Per questo non serve truccarsi di più o indossare abiti costosi, ma coltivare qualità quali la gentilezza, la compassione e un atteggiamento altruistico.

Alcuni anni fa, un giovane proveniente da Rameswaram (sulla costa orientale del Tamil Nadu) arrivò ad Amritapuri per incontrare Amma per la prima volta. Egli giunse dopo la fine del darshan e, poiché non voleva mangiare prima di vederla, digiunò tutto il giorno. Il giorno seguente, ricevette il darshan di Amma e al momento dell'abbraccio scoppiò a piangere. Amma gli chiese quale fosse il problema e lui rispose che nel suo villaggio le persone erano molto povere e soffrivano molto. Continuò dicendo di voler fare qualcosa per alleviare il loro dolore, ma di non sapere che cosa. Aggiunse che, a causa di ciò, aveva perduto l'appetito e il sonno. Poi, il giovane chiese ad Amma di benedire la gente del suo villaggio.

Amma fu toccata dalla sua natura compassionevole e gli assicurò che avrebbe fatto qualcosa per loro. Poco tempo dopo, Amma si impegnò a costruire in quel villaggio 108 case per i poveri, ad avviare un'assistenza medica gratuita in loco, costruire una clinica chirurgica e finanziare l'istruzione dei ragazzi. E quando, più avanti, le case furono completate e gli altri programmi furono inaugurati, visitò la città per la prima volta.

Il giovane che era venuto a chiedere l'aiuto di Amma si impegnò molto nei progetti locali e più tardi, dopo lo tsunami asiatico del 2004, Amma gli chiese di recarsi nello Sri Lanka a dare il suo aiuto nella supervisione della costruzione delle nuove case volute dall'Ashram per le vittime. Fu un compito difficile e pericoloso e un giorno egli fu addirittura circondato da uomini armati che attentarono alla sua vita. Dopo aver lavorato là per qualche tempo, tornò in India e si sposò. Ma nello Sri Lanka era rimasto del lavoro da fare e due settimane dopo le nozze egli chiese ad Amma il permesso di tornare al cantiere. Amma disse: "Sei sicuro? In fondo ti sei appena sposato".

Il giovane rispose che il fatto di sapere che c'era ancora molto lavoro da fare prima che le vittime dello tsunami potessero rifarsi una vita, non gli consentiva di essere tranquillo. Prima di partire, il giovane chiese ad Amma del *prasad*[1]. Mentre glielo dava, Amma commentò: "Perché chiedi del prasad? Sei tu stesso il prasad di Amma".

Lo disse con naturalezza, ma fu veramente un'affermazione profonda. Quando offriamo qualcosa a Dio con tutto il cuore, questa offerta diventa consacrata e ritorna a noi come prasad. Questo giovane uomo aveva offerto la sua vita ad Amma, e lei l'aveva restituita come benedizione per il mondo.

Un giorno, un bambino era seduto in braccio a sua madre e la guardava. Poi, negli occhi gli guizzò il lampo di un dubbio e sua madre, sintonizzata col cuore del figlio, lo notò immediatamente: "Che cosa c'è, caro?".

Il bambino indicò nervosamente la mano destra di sua madre, terribilmente deturpata: un dito mancava e altri due erano fusi insieme. "Sei tanto bella, mamma, ma non riesco a guardarti la mano. È così ripugnante che se vi poso lo sguardo, non riesco più a guardarla di nuovo".

La madre rimase serena. "Prima che tu nascessi, la casa dei nostri vicini andò a fuoco", spiegò lei. "Loro erano al lavoro, ma io udii il pianto della loro figliola provenire dall'interno. Senza pensarci un attimo, mi precipitai dentro la casa in fiamme e in qualche modo riuscii a mettere in salvo la bambina. In quel frangente però la mia mano destra prese fuoco, ecco come si è ridotta così".

A quelle parole, il bambino prese tra le sue la mano della mamma e la baciò con cautela. "Oh, mamma, questa è la mano più bella del mondo!".

---

[1] Offerta o dono benedetto, proveniente da un santo o da un tempio, spesso sotto forma di cibo.

Il nostro aspetto giovanile è solo questione di tempo, e la nostra bellezza fisica può essere rovinata prematuramente da ferite o dalla malattia. Anziché deprimerci rimuginando su questa ineluttabilità, possiamo invece coltivare una bella mente. Se mettiamo in pratica l'amore, la compassione, la gentilezza e la pazienza, sviluppiamo una bellezza interiore che non scomparirà mai.

Capitolo 5

La chiave della felicità

"Non facevo che dare, così la gente incominciò a chiamarmi 'Madre'".

– Amma

"Voglio condividere con voi quello che ho imparato all'Ashram di Amma: donare, continuare a donare... Non c'è messaggio più grande di quello che Amma dà alla gente di questa regione, e al Kerala, e all'India, e al mondo".

– Dott. APJ Abdul Kalam, ex Presidente dell'India

Una volta, una donna stava spiegando a un'amica il segreto del suo lungo e pacifico matrimonio. "Mio marito e io ci prendiamo il tempo per andare al ristorante due volte la settimana", disse. "Una cena a lume di candela, musica dolce e una lenta passeggiata fino a casa".

"Oh!", esclamò l'amica. "Che bello! Ma in tutti questi anni non vi ho mai visto uscire insieme".

"Certo che no", spiegò la prima. "Lui ci va il martedì e io il venerdì!".

Allo stesso modo, alcune persone pensano che la chiave della felicità stia nell'evitare i problemi. Perfino in India, considerata da molti il cuore spirituale del mondo, esiste un'antica filosofia chiamata *Charvaka* la quale asserisce che non esistono né Atma,

né Dio, né *Brahman*[1], e che una volta morto, il corpo diventa un pugno di cenere e noi cessiamo di esistere. I Charvaka affermano: "Fate soldi, mangiate bene e siate felici. Se non avete denaro sufficiente per godervi la vita, fatevelo prestare e bevete *ghi* (burro chiarificato)[2]. In fondo, chi conosce il momento della propria morte?".

In tempi recenti, gli scienziati hanno perfino iniziato a postulare che la felicità sia genetica, che incorporato in noi ci sia un termostato della felicità predeterminato dai geni ereditati. Gli scienziati dicono che possiamo elevare il nostro quoziente di felicità prefissato fino al 25 per cento, riempiendo la nostra vita con un regime equilibrato fatto di piaceri semplici, non diversamente da quello che suggeriscono i Charvaka. Tuttavia, in questa teoria ci sono alcune evidenti incrinature. Che dire di quelli che non possono permettersi di riempire le loro giornate con la sicurezza materiale e non potrebbero prendere denaro in prestito nemmeno se lo volessero? E per chi invece può farlo, la felicità ottenuta è necessariamente limitata, in termini di tempo e di misura. Il corpo prima o poi sarà vecchio e malato, e potrebbero esserci problemi di salute anche in gioventù. Se la salute è compromessa, la nostra capacità di godere il piacere dei sensi è ridotta ancora di più. Allora è decisamente meglio esaminare quello che dissero sull'arte e la scienza della felicità i rishi del Sanatana Dharma, i quali andarono oltre il corpo, la mente e l'intelletto per scoprire la vera sorgente della pace e della beatitudine.

Secondo le Scritture indiane, ci sono tre livelli di felicità: *priya, moda* e *pramoda*. Priya è il tipo di felicità che proviene dalla percezione di un oggetto desiderato. Quando ne entriamo

---

[1] La Verità suprema oltre ogni attributo. Il substrato onnisciente, onnipotente, onnipresente dell'universo.

[2] Il ghi era tradizionalmente una merce di lusso molto costosa, usata per aggiungere sapore alle pietanze. Bere ghi, perciò, divenne sinonimo di vita lussuosa e piena di piaceri.

in possesso, la felicità aumenta: questo è chiamato moda. La felicità che proviamo quando gioiamo effettivamente dell'oggetto è ancora più intensa, ed è detta pramoda.

Per esempio, quando vediamo qualcuno che beve un buon caffè, il pensiero del suo sapore provoca una sorta di acceso piacere: priya. Quando ne ordiniamo uno e lo teniamo tra le mani, proviamo un livello di soddisfazione ancora più elevato: moda. E l'appagamento più alto possibile, pramoda, si ha, in questo caso, quando lo beviamo.

È assai significativo riflettere sul perché l'intensità della felicità aumenti in questo modo. Le Scritture affermano che quando godiamo di un oggetto desiderato, l'agitazione mentale causata dal desiderio viene eliminata. Questa agitazione, o il desiderio stesso, ci impediscono di sperimentare la beatitudine sempre presente della nostra vera natura.

Da un altro punto di vista, possiamo dire che ciò che accade è una specie di dimenticanza: il desiderio è dimenticato per un momento e la nostra mente diventa calma. Quando la mente è calma, riflette più chiaramente la felicità dell'Atma.

Lo stesso fenomeno si applica al massimo grado nello stato elevato di *samadhi*[3]. In tutti questi stati, la sensazione di piacere deriva dalla perdita della consapevolezza dell'ego e del senso di sé come individuo separato. Pensieri, desideri, le nozioni di 'io' e 'mio' sono come nuvole che oscurano la luce del sole: il nostro vero Sé, l'Atma, la cui natura è infinita beatitudine. Proprio come il sole splende più luminoso in un limpido cielo azzurro, così quando la nostra mente è priva di pensieri e desideri, rimane soltanto la felicità del vero Sé. La gioia non è inerente agli oggetti esterni, ma deriva dall'interno.

Allora scopriamo che la nostra felicità, anche quella che riteniamo provenire dai semplici piaceri della vita, non è sostanzialmente

---

[3] Totale assorbimento nell'Assoluto.

in relazione agli oggetti che inseguiamo tanto disperatamente, ma piuttosto è direttamente proporzionale a quanto riusciamo a dimenticare il nostro sé limitato nel godimento di quegli oggetti.

Un mahatma come Amma non ha bisogno di alcuna tecnica per ottenere la felicità, che è la sua vera natura, e costituisce un modello da seguire per tutti noi. Uno degli esempi più sorprendenti di questo fenomeno fu, nel 2004, la visita di Amma alla città di Mangalore, nel Karnataka. In quell'occasione la folla non ebbe precedenti – circa 100.000 persone, ciascuna delle quali si aspettava l'abbraccio di Amma. Amma arrivò sul palco per il *satsang*[4] e i bhajan alle 19.00 e iniziò a dare il darshan alle 21.30. Ella non si mosse dal suo posto fino alle 16.30 del pomeriggio successivo, dando così il darshan a un ritmo vertiginoso per oltre 19 ore di seguito. Tutti coloro che ebbero la pazienza di aspettare ricevettero il darshan di Amma.

Ma per me, la cosa più straordinaria in assoluto non fu il numero di persone che Amma abbracciò e neppure la durata del darshan, ma il modo in cui si comportò dopo.

Dopo una maratona di quel tipo, ci si aspetterebbe che una persona programmasse una settimana di vacanza. Amma, invece, non prese neppure un giorno di riposo – in verità, Amma non hai mai preso un solo giorno di riposo. Come sempre, un altro programma era previsto per il giorno seguente e così, dal palco, ella salì direttamente in auto e percorse le otto ore di viaggio necessarie a raggiungere Bangalore, la tappa successiva del tour.

Io mi ero recato in anticipo all'Ashram di Bangalore per dare una mano nei preparativi del programma. Sulla strada per Bangalore, alcuni swami mi avevano telefonato per informarmi

---

[4] Letteralmente "associazione con la Verità". La forma più alta di satsang è il samadhi. Satsang può anche significare essere in presenza di un maestro spirituale o in compagnia di altri ricercatori spirituali, leggere libri spirituali o ascoltare un discorso sulla spiritualità.

che il darshan era terminato molto tardi e mi avevano chiesto di fare in modo che Amma non fosse bloccata dalla folla nel tragitto dall'auto alla sua stanza.

Tuttavia, a causa del programma previsto per il giorno dopo, all'Ashram erano già presenti alcune centinaia di volontari. Poco prima che Amma arrivasse, feci del mio meglio per mantenere sgombra l'area vicina alla sua camera, chiedendo ai volontari di sostare oltre un cancello che si trovava a una certa distanza, immaginando che da lì non sarebbero stati visibili ad Amma.

Quando Amma scese dall'auto, perciò, c'erano pochissime persone a riceverla: io e un gruppetto di brahmachari. Eravamo quasi riusciti a trascinare Amma nella sua stanza, poco distante dal punto in cui si era fermata l'automobile, quando fu chiaro che lei aveva ben altri piani. Allontanandosi dalla scala che portava alla camera, Amma girò intorno all'auto e andò verso il cancello oltre il quale erano radunati i devoti. Poiché non aveva ancora visto nessuno, io continuavo a cercare di persuaderla ad andare direttamente in camera sua. Senza neanche guardarmi, Amma chiese a voce alta: "Perché non c'è nessuno? Dove sono i devoti?".

In quel momento, i devoti videro Amma e cominciarono a chiamarla. Con ciò, finì la commedia – come acqua che sgorga da una diga, essi iniziarono a sgattaiolare dappertutto, sotto, sopra e attraverso il cancello, e si precipitarono verso Amma.

Lei non si tirò certo indietro e solo dopo aver dato del prasad a ciascuno, accettò di ritirarsi nella sua stanza.

Fermiamoci un attimo e chiediamoci: noi avremmo fatto lo stesso? Immaginiamo per un attimo di aver trovato in qualche modo la forza di abbracciare decine di migliaia di persone – tralasciando il fatto che, dacché si ricordi, nessuno, oltre Amma, ha mai fatto nulla di simile. Non avremmo poi colto la prima occasione per sgranchirci le membra?

Tutti ricordiamo le volte in cui ci siamo spinti al limite della nostra forza fisica. In situazioni simili, non facciamo che pensare: "Quando tutto sarà finito, dormirò per una settimana". In altre parole, anche mentre serviamo gli altri, continuiamo a sentirci motivati dalla promessa di un futuro piacere per noi stessi. Questo non può essere chiamato puro altruismo. Ma Amma è completamente diversa. Recentemente, un giornalista le ha chiesto: "Lei ha fatto così tanto in ambito spirituale e umanitario. Che cosa pensa di ciò che ha realizzato?". "Penso sempre che non sto facendo abbastanza per i miei figli", ha minimizzato Amma. "Ecco cosa penso".

Le persone veramente umili non hanno poca considerazione di se stesse – semplicemente prendono poco in considerazione se stesse.

Una volta, un professore di filosofia dispose sulla cattedra degli oggetti insoliti. Quando la lezione cominciò, egli, senza parlare, prese un grosso vaso e lo riempì di pietre. Quando queste raggiunsero il bordo, il professore chiese agli studenti se il vaso fosse pieno, ed essi convenirono che lo era.

Allora l'insegnante prese una scatola contenente delle pietre più piccole e le versò nel vaso. Naturalmente, i sassolini rotolarono attraverso gli spazi vuoti tra le pietre. Quindi egli chiese di nuovo agli studenti se il vaso fosse pieno.

Essi ammisero che lo era.

Il professore prese una scatola di sabbia e versò nel vaso anche quella. La sabbia filtrò nelle fessure tra i sassolini e le pietre.

"E ora", chiese il professore, "il vaso è pieno?".

Questa volta gli studenti restarono in silenzio, certi che il professore avesse ancora qualcosa in serbo per loro. E così fu: egli prese una bottiglia d'acqua che versò nel vaso apparentemente già colmo.

In modo analogo, a prima vista pensiamo sempre di aver fatto abbastanza. Se facciamo una o due buone azioni al giorno, ci sentiamo legittimati a non fare più niente per il resto della giornata, oppure sosteniamo di non avere più tempo o energia da dare. Amma, invece, è in grado di guardare un vaso apparentemente pieno e trovarvi ancora un piccolo spazio; nei suoi programmi sempre a prima vista completi, ella sa trovare sempre il tempo per un ulteriore atto di compassione. In un Ashram stracolmo, riesce sempre a trovare spazio per un altro suo caro figlio. Prima di aver completato un grande progetto umanitario, ne vara uno nuovo. Nel Gujarat, dopo il terremoto del 2001, nessuna organizzazione voleva intraprendere la ricostruzione e la riabilitazione dei villaggi più grandi. Amma, nonostante avesse già iniziato un progetto edilizio su tutto il territorio nazionale e l'Ashram non avesse fondi da stanziare, decise di prendersi cura dei tre villaggi più grandi, arrivando a costruire, alla fine, più di 1.200 case. E lo stesso accadde dopo lo tsunami asiatico del 2004, quando Amma si offrì immediatamente di ricostruire tutte le case distrutte nel Kerala. E ancora nel 2007 quando, fallito ogni sforzo per frenare l'ondata di suicidi tra gli agricoltori nel Maharashtra, nel Kerala e in altri stati, Amma si fece avanti con un'imponente proposta di aiuto.

Il solo desiderio di Amma è vedere felici i suoi figli. Ma lei conosce molto bene la differenza tra felicità temporanea e felicità permanente e sa che la chiave per ottenere quest'ultima è identificarsi con il tutto, non cercare solo il proprio benessere personale.

Un brahmachari, che rappresenta l'organizzazione di Amma all'estero, ha raccontato una bella storia sul potere dell'amore altruistico. C'è un devoto di Amma, affetto da una grave paralisi cerebrale, che trascorre i suoi giorni sulla sedia a rotelle. Curiosamente, però, è sempre sorridente. Ma ancora più sorprendente è stata una scoperta del brahmachari: prima della visita di Amma, il giovane aveva partecipato a tutti gli incontri dei volontari per organizzare il programma, sebbene non sia in grado di svolgere alcun lavoro fisico né di parlare in modo comprensibile.

Durante la visita di Amma, andò da lei con una domanda. Il brahmachari, sempre molto addolorato per lui, era certo che si trattasse di una preghiera di guarigione o di qualcosa riguardante comunque la sua condizione fisica. Il giovane pose la sua domanda e il brahmachari non riuscì a capire bene che cosa cercasse di dire; quando l'accompagnatore del ragazzo la ripeté in modo chiaro, però, il brahmachari restò profondamente commosso. Ecco la sua domanda ad Amma:

"Cara Amma, questo Paese è materialmente uno dei più ricchi del mondo, ma trovo che spiritualmente sia uno dei più poveri. Io amo il mio Paese e allora che cosa posso fare per elevarlo e per aumentarne la ricchezza spirituale?".

Amma guardò profondamente il giovane negli occhi, con l'espressione amorevole di una madre orgogliosa del figlio che si è appena laureato con il massimo dei voti. I suoi occhi si inumidirono mentre rispondeva: "Figlio, questo dimostra la tua ricchezza spirituale. Con persone come te in questo Paese c'è senz'altro una speranza per il futuro, perciò non preoccuparti. Bastano il tuo cuore innocente e l'esempio che stai dando, a ispirare gli altri nella direzione giusta".

Dopo che il devoto se ne fu andato, Amma si girò verso il brahmachari e disse: "Ora capisci perché è sempre felice? Avrebbe potuto chiedere ad Amma qualcosa relativo alla propria salute, ma spinto dall'amore altruistico, ha invece pregato per la guarigione spirituale del suo paese. Questo amore disinteressato è la chiave della felicità".

Una volta, uno studente stava passeggiando con il suo professore. Lungo la strada, i due videro un paio di vecchie scarpe abbandonate ai bordi della strada. Osservando il vicino campo di riso, notarono un povero bracciante che aveva dovuto togliersi le scarpe per procedere nell'acquitrino. Era tardi e a giudicare dal suo aspetto provato ed esausto, probabilmente stava lavorando da molte ore.

Girandosi verso il professore con una luce maliziosa negli occhi, lo studente propose: "Perché non gli giochiamo uno scherzo? Nascondiamogli le scarpe e poi mettiamoci dietro quell'erba alta. Sono impaziente di vedere che faccia farà quando non le troverà più!".

"Non sono d'accordo, ragazzo mio", lo ammonì il professore. "Non ci si deve mai divertire a spese dei poveri, ma siccome tu sei ricco, puoi procurarti un divertimento maggiore grazie a questo pover'uomo. Metti un biglietto da 100 dollari in ogni scarpa e poi nascondiamoci a osservare come reagirà a questa scoperta".

Pensando che si trattasse comunque di un buon affare, lo studente accettò e seguì le indicazioni del professore.

Di lì a poco, il bracciante terminò il lavoro e uscì faticosamente dal campo di riso per raggiungere la strada dove aveva lasciato le scarpe.

Tentò di infilare la scarpa destra ma, sentendo qualcosa di estraneo, si chinò per far uscire l'oggetto sconosciuto. Quando lo vide, stupore e meraviglia gli danzarono sul viso. Guardò la banconota, la alzò alla luce, la girò e rigirò molte volte.

Si guardò intorno, ma non c'era nessuno, e alla fine, alzando le spalle, si mise il denaro in tasca e cercò di infilarsi l'altra scarpa. La scoperta della seconda banconota raddoppiò la sua sorpresa!

Sopraffatto, si inginocchiò, alzò lo sguardo al cielo e recitò a voce alta una fervente preghiera di ringraziamento. Parlò di sua moglie, ammalata e indifesa, dei figli che non mangiavano un pasto completo da una settimana, e ringraziò Dio per il miracolo del denaro nelle scarpe.

Quando il bracciante se ne fu andato, il professore e lo studente uscirono dal loro nascondiglio. Lo studente era come paralizzato, gli occhi colmi di lacrime. Il professore disse: "E adesso, non sei forse più contento che se avessi giocato il tuo scherzetto?".

Il giovane rispose: "Lei mi ha dato una lezione che non dimenticherò mai. È veramente una più grande benedizione donare che ricevere".

"La felicità è come il profumo", osservò il professore. "Non possiamo versarne un po' su qualcun altro senza che qualche goccia cada anche su di noi".

Recentemente, ho letto la storia di tre fratelli che si sono lanciati insieme col paracadute. Mentre stavano scendendo a terra, i loro paracadute si aggrovigliarono e sembrò che tutti e tre fossero condannati. Ma uno di loro ebbe un'idea. Per salvare gli altri due, recise il suo paracadute e precipitò, consentendo ai fratelli di sopravvivere. Il suo esempio di sacrificio fu tanto stupefacente che la notizia fece il giro del mondo e fu ripetuta più volte nei notiziari internazionali.

In verità, Amma si sta silenziosamente sacrificando ogni giorno e non per il bene di sole due persone, ma di milioni di persone in tutto il globo, anche di completi sconosciuti che non ha mai incontrato prima. E che cosa riceve in cambio? Più si è testimoni della vita di Amma, più si può chiaramente vedere quanto poco lei riposi, mangi e dorma. Non è un segreto. Il vero segreto, che solo Amma conosce, è come abbia potuto sostenere il suo corpo negli ultimi 36 anni, nonostante la più estenuante vita di sacrificio.

Ne *La Via del Bodhisattva*, l'autore, il buddhista Shantideva, dice:

"Se do questo, che cosa mi rimarrà da godere?"
Questo pensiero egoistico è lo stile dei demoni.
"Se godo di questo, che cosa mi rimarrà da dare?"
Questo pensiero altruistico è una qualità degli dèi.

Amma afferma: "Soltanto quando guardiamo agli altri con compassione possiamo dire che stiamo guardando all'interno. Il seme divino della spiritualità germoglierà solo quando sarà bagnato dalla compassione".

C'è una storia tratta dalla vita del grande saggio Ramanuja che illustra bene questo punto. Agli inizi della sua vita spirituale, prima di ricevere l'iniziazione al mantra dal suo guru, Thirukottiyur Nambi, Ramanuja fu respinto 17 volte. Ogni volta dovette camminare per oltre 160 chilometri. Alla fine Nambi acconsentì a iniziarlo, ma solo a certe condizioni. Nambi disse a Ramanuja che il mantra avrebbe portato nel regno celeste del Signore Vishnu chiunque lo avesse recitato. Ma se Ramanuja lo avesse confidato ad altri sarebbe finito all'inferno.

Ramanuja accettò i termini e ricevette l'iniziazione al mantra. Durante il viaggio di ritorno, però, prima ancora di essere a casa, Ramanuja chiamò gli abitanti del suo villaggio perché si riunissero davanti al tempio. Quando tutti furono presenti, Ramanuja salì sulla torre del tempio e gridò il sacro mantra con tutta la voce che aveva in corpo. Annunciò di aver ricevuto quel mantra dall'impareggiabile guru Thirukottiyur Nambi, che garantiva di raggiungere la dimora di Vishnu, e li incitò a ripetere il mantra con tutto il loro zelo.

Nambi si arrabbiò molto quando venne a saperlo. Corse da Ramanuja e gli chiese perché avesse rivelato il mantra. Ramanuja rispose che se andare all'inferno significava il paradiso per migliaia di persone, quello era un ben piccolo sacrificio da parte sua, un sacrificio che era lieto di compiere. Questa risposta profondamente umana commosse Nambi così intensamente che disse al suo discepolo: "Ramanuja, con questo atto di compassione hai superato perfino me".

Nel poema epico *Mahabharata* c'è una storia che illustra il vero potere del sacrificio. Verso la fine del poema, dopo la conclusione della guerra del Mahabharata e dopo avere governato il paese per più di tre decadi, i Pandava decisero di rinunciare a tutti gli attaccamenti materiali e di intraprendere il viaggio finale verso le terre sacre dell'Himalaya. Si trattava di un lungo e arduo tragitto e durante il cammino essi cominciarono a morire, uno a uno. Alla fine, rimase in vita soltanto il più anziano, Yudhishthira, che aveva trascorso la vita intera cercando di essere un'incarnazione del *dharma* (rettitudine). Aveva lottato per espandere il cuore e purificare la mente e, pur non avendo raggiunto la liberazione, aveva vissuto sempre in accordo con gli insegnamenti del suo guru.

Alla fine, ecco che un carro discende dal cielo per scortare Yudhishthira verso il paradiso dove, una volta arrivato, rimane scioccato nello scoprire che i suoi fratelli non sono lì. Immediatamente chiede dove essi siano e come risposta viene portato giù per un buio corridoio. Avanzando, l'ambiente diventa sempre più scuro e spaventoso. Egli supera laghi di fuoco bollente e avvoltoi che si nutrono di mucchi di cadaveri. Pensando che si tratti di uno scherzo crudele – sicuramente i suoi fratelli non avrebbero potuto finire in un luogo tanto orribile – Yudhishthira decide di tornare indietro. Ma appena si volta, sente le voci disincarnate dei suoi fratelli che lo chiamano per nome, implorandolo di non andarsene. "Non andartene!", ripetono. "La tua presenza qui è come la brezza fresca che ci porta almeno un po' di refrigerio in questa esistenza straziante".

A questo punto, Yudhishthira dice: "Se i miei fratelli sono all'inferno, il paradiso non mi interessa. Se la mia presenza può dare loro anche un minimo sollievo, come posso pensare di allontanarmi? Mi rifiuto di andarmene senza di loro".

Non appena Yudhishthira proferisce queste parole, l'ambiente circostante cambia completamente – egli si ritrova in paradiso, circondato dai fratelli. In realtà, il suo viaggio verso l'inferno è un dramma inscenato per indurre l'espansione finale della sua compassione. Nella sua disponibilità a rinunciare al benessere e ai piaceri personali per gli altri, Yudhishthira trova il paradiso – il vero paradiso. Non una città d'oro in alto sulle nuvole, ma il paradiso eterno di un cuore compassionevole.

Capitolo 6

Apprendere, non dipendere

*"Per molto tempo avevo avuto l'impressione che la vita –
la vera vita – fosse sul punto di cominciare. Ma c'erano
sempre ostacoli sul cammino, qualcosa da affrontare,
qualche faccenda non ultimata, tempo da impiegare in
qualcos'altro, un debito da pagare, e soltanto dopo la vita
avrebbe potuto avere inizio. Alla fine mi fu chiaro che
questi ostacoli erano la mia vita".*

– Alfred D'Souza

Una volta, un saggio vide un uomo seduto scoraggiato sul
ciglio della strada. Il saggio si fermò e chiese a quell'uomo
avvilito che cosa lo preoccupasse.

"Non c'è nulla di interessante nella vita", sospirò l'uomo.
"Posseggo capitali sufficienti da non dover lavorare e ho viaggiato
in lungo e in largo alla ricerca di qualcosa di più soddisfacente
della vita che conduco. Ma, ahimè, finora non l'ho trovato".

Il saggio ascoltò pazientemente i lamenti dell'uomo e quando questi terminò, si chinò all'improvviso, gli afferrò lo zaino e scappò, correndo come una lepre. L'altro scattò e si lanciò subito all'inseguimento, ma il saggio conosceva bene la zona e riuscì a seminarlo facilmente. Percorrendo alcune scorciatoie, il saggio fu presto di ritorno molto prima dell'uomo che aveva appena derubato; pose lo zaino a terra e aspettò che lo stremato viaggiatore ricomparisse.

Di lì a poco, il poveretto riapparve, respirando affannosamente e con un aspetto ancora più abbattuto a causa della perdita subita. Ma nel momento in cui vide il suo zaino, cominciò a correre in quella direzione, gridando di gioia.

"Ecco un modo di produrre felicità", commentò laconico il saggio.

Tutti vogliono il massimo della gioia e il minimo del dolore. Una recente ricerca dello psicologo Daniel Gilbert, di Harvard, indica che ogni cosa che pensiamo, diciamo e facciamo è un tentativo per aumentare il nostro livello di felicità, ora o nel futuro. Ciò può sembrare ovvio, ma la sua ricerca ha dimostrato anche che le persone non sono molto abili nel prevedere l'effetto che certi eventi avranno su di loro. Gli obiettivi possono essere centrati oppure falliti, i beni materiali acquisiti o persi, le relazioni serene o difficili, ma in quasi tutti i casi, non ci sentiamo così felici – o tristi – come avevamo pensato. Da un punto di vista spirituale, sappiamo che questo accade perché la felicità non va cercata all'esterno ma all'interno, e che ogni piacere assaporato non è che un pallido riflesso della felicità insita nel nostro vero Sé.

Che dire del dolore? Se non ci sentiamo tanto tristi quanto avevamo pensato – se il mondo intero non crolla quando subiamo una disgrazia, se la vita va avanti – allora forse il dolore non è qualcosa che va istintivamente e decisamente evitato e dal quale difendersi. In fondo, abbiamo mai immaginato come sarebbe realmente, giorno per giorno, una vita senza prove o tribolazioni e in cui tutti i nostri desideri fossero istantaneamente esauditi? Senza sfide e difficoltà nella vita, la nostra mente diventa debole, i nostri talenti restano sopiti e le nostre capacità si sciupano. Come aspiranti spirituali, anziché evitare le difficoltà, possiamo fare del nostro meglio per accogliere le sfide quali opportunità per rafforzare le nostre capacità mentali, sviluppare qualità positive e abbandonarci a Dio.

In verità, per la maggior parte della gente, la sofferenza è proprio parte integrante della vita sulla terra. Basterebbe chiedere ai milioni di persone che vivono in povertà assoluta e in zone di guerra – esse ci diranno quanto la vita sia piena di dolore. Basterebbe chiedere ad Amma, che ha ascoltato le sventure di milioni di persone che in tutto il mondo vanno da lei a cercare consolazione, guida e grazia.

Molte persone sognano un'età dell'oro in cui tutti sulla terra possano godere di uguale prosperità e si domandano: "Perché gli esseri umani devono soffrire?".

C'è una bella storia che risponde almeno in parte a questa domanda. Una volta, un principe chiese al padre, il re: "Perché c'è così tanta disuguaglianza nel tuo regno? Possiedi abbastanza ricchezza nella tesoreria di palazzo da poter rendere tutti ricchi. Perché non lo fai? Con un solo tratto di penna, potresti cancellare la sofferenza in tutto il reame".

Il re, che aveva un debole per il figlio, ne esaudì il desiderio, pur sapendo che il risultato sarebbe stato ben diverso da quello che lui aveva in mente. Ordinò al suo tesoriere di aprire i forzieri di palazzo, e di divulgare ovunque il messaggio che i sudditi del re erano autorizzati a prendere quello che volevano. E così, le ricchezze del re cominciarono a fluire come un fiume dal palazzo e i sudditi vivevano nel lusso dimenticando cosa significassero le privazioni.

Qualche tempo dopo, il tetto del palazzo cominciò a perdere acqua. Era la stagione dei monsoni e perfino la camera del principe fu parzialmente allagata. Il principe chiamò i suoi servi perché lo aiutassero ad asciugare la stanza, ma gli fu risposto che ormai i servi erano tutti ricchi signori, che avevano abbandonato il lavoro e se ne erano tornati a casa per sempre. Ogni mattina il principe doveva svuotare con un secchio l'acqua fuori dalla finestra. Quando cercò degli operai per sistemare il tetto del palazzo, scoprì che non c'erano più operai in tutto il regno. In assenza di muratori, falegnami e artigiani, non solo il palazzo, ma anche gli altri edifici del regno stavano andando in rovina e da settimane nessuno si preoccupava di raccogliere i rifiuti o di spazzare le strade. I sudditi iniziarono a lamentarsi con il principe ogni qualvolta metteva piede fuori dal palazzo. Tutti erano pieni di denaro, ma i soldi avevano perduto ogni valore; nessuno aveva bisogno di guadagnarsi da vivere, perciò nessuno aveva voglia di lavorare. Anziché creare un paradiso in terra, il principe aveva gettato l'intero regno nella miseria. Alla fine, il principe fu costretto a implorare il re di revocare il suo editto; il sovrano obbedì di nuovo alla richiesta del principe. Su ordine del re, i sudditi restituirono le ricchezze e ricominciarono a lavorare. In questo modo, l'armonia e la prosperità del regno furono ripristinate.

In verità, non ci è richiesto di invitare la sofferenza, quanto piuttosto di accettarla come parte naturale e inevitabile della vita. E comunque, anche se non la invitiamo, essa verrà da noi ugualmente, perciò è meglio essere preparati a reagire in modo positivo e costruttivo.

Durante la lezione, uno studente si addormentò con la testa sul banco. Come punizione, l'insegnante gli chiese di fare tre giri di corsa intorno al cortile della scuola. Lo studente obbedì e ritornò in classe niente affatto pentito, ma rinvigorito e rilassato. Infuriata, l'insegnante gli ordinò di ripetere la stessa cosa prima delle lezioni anche nei due giorni successivi. Le mattine seguenti il ragazzo arrivò a scuola in anticipo e si mise a correre, come ordinatogli dall'insegnante. Il quarto giorno questa vide lo studente che correva ancora prima delle lezioni; quando entrò in classe gli disse: "Sei stato punito abbastanza. Ti ho chiesto di farlo per tre giorni, non c'è bisogno che continui".

Lo studente rispose allegramente: "Vede, dopo quella prima corsa mi sono sentito pieno di energia e sono riuscito a seguire le lezioni molto meglio. Adesso, non voglio più smettere!".

Così, vivere nel mondo può essere un processo di *apprendimento* o un processo di *dipendenza*. Da tutte le esperienze della vita possiamo imparare, oppure appoggiarci alle persone e agli oggetti per averne il sostegno. La sola differenza è in una R. Questa R sta per Riflessione, Ricordo di Dio e Rinuncia che mettiamo in pratica nella vita quotidiana.

Un giornalista chiese ad Amma: "C'è stato un particolare evento che l'ha influenzata durante l'infanzia?". Amma rispose: "Sì, hanno influito su di me le lacrime, la sofferenza e il dolore degli altri. Li ho consolati e amati".

Per la verità, Amma non è mai stata sopraffatta dal dolore. In quella stessa intervista, il giornalista chiese poi ad Amma di ricordare un momento felice della sua infanzia, rammentandole i giorni in cui camminava sola lungo la spiaggia rivolgendo canti devozionali a Dio. Ma Amma rispose: "Non pensavo a Dio o ripetevo i suoi nomi per trarne felicità. Quando camminavo lungo la spiaggia, le onde mi ricordavano il suono di un *tampura* e cantavo seguendone il ritmo. Non lo facevo per raggiungere la felicità, perché ero sempre felice. I sentimenti che esprimevo nei miei canti erano riflessi del dolore e dello struggimento che percepivo nelle persone del mondo".

Sebbene Amma percepisse chiaramente l'unità che pervade il creato, era così toccata dalla sofferenza delle persone che invece non erano in grado di sentirla, da aspirare a confortarle e consolarle. Amma spiega: "Quando vedevo il loro dolore, dimenticavo me stessa e i miei bisogni, asciugavo le loro lacrime e le consolavo, le tenevo tra le braccia o appoggiavo la loro testa sulla mia spalla. Altre persone, vedendo il mio comportamento, vollero che facessi la stessa cosa con loro. Un po' alla volta, la gente cominciò a mettersi in fila. Ecco come è iniziato questo darshan. La gente veniva a piangere e, condividendone il dolore, mi identificavo con loro. Se la mano destra è ferita, la sinistra automaticamente la accarezza e la cura, perché consideriamo 'nostre' entrambe le mani; in modo analogo, io non vedevo quelle persone diverse da me".

L'esempio di Amma ci dimostra che non solo è possibile provare amore e pace nonostante i problemi personali, ma che spesso proprio loro ci aiutano a maturare, a espanderci e a crescere. In sanscrito, *tapam* può significare sia calore sia dolore, indicando che la sofferenza fornisce il calore necessario alla nostra crescita, proprio come le piante necessitano del calore del sole per prosperare.

Questo fu certamente vero per una donna turca dopo il terribile terremoto che sconvolse il suo Paese. Ella fu citata perfino dai giornali: "Possa Dio risparmiare i miei peggiori nemici da un simile destino!". La traumatica esperienza l'aiutò a espandere il suo cuore, e all'improvviso si ritrovò a pregare per coloro che aveva considerato nemici. C'è una storia analoga che riguarda un brahmachari di Amma, che si recò nell'area del Gujarat devastata dal terremoto per ricostruire i villaggi colpiti e che si ammalò nel corso della sua permanenza. Durante il ricovero all'ospedale, alcuni di noi gli fecero vista. Ci aspettavamo che parlasse della sua sofferenza o che ci chiedesse qualcosa da mangiare, ma la prima cosa che disse fu: "Si è ammalato anche qualcun altro?".

Gli dicemmo di non preoccuparsi degli altri e di concentrarsi sulla sua guarigione, ma scuotendo il capo, il brahmachari spiegò: "Questa malattia è davvero insopportabile, nessuno dovrebbe soffrirne".

Amma sostiene che Dio non ci punisce, ma che esistono leggi universali che governano la creazione. Come recita il detto: "Non si può infrangere la Legge, ci si può solo infrangere contro la Legge". Ogni esperienza che la vita ci porta è destinata a guidarci verso la vera sorgente della felicità interiore. Sta a noi avvalerci di queste opportunità oppure no, ed è bene cercare di ricavare il massimo della crescita spirituale da ogni forma di sofferenza nella nostra vita.

Dall'esempio di Amma capiamo che accettare tutte le situazioni senza chiudere il cuore o spaventarci è il segno distintivo della vera spiritualità. Amma dice: "Cerchiamo di affrontare con coraggio i problemi della vita pensando: 'Nulla può sconfiggermi o rendermi schiavo. Io sono figlio di Dio'. Non cercate di sfuggire ai problemi della vita, perché questo darà loro maggior forza per dominarvi. Una persona davvero spirituale non ha paura delle perdite, né della morte".

Una volta, due uomini uscirono per farsi un drink. Uno dei due continuò a bere e a bere finché l'amico gli chiese: "Ehi, perché bevi così tanto?".

L'altro rispose: "Sto cercando di annegare i dispiaceri".

"E funziona?", chiese l'amico.

"No", rispose il secondo uomo con il muso lungo. "Sfortunatamente, i miei problemi hanno imparato a nuotare!".

Le difficoltà della vita ci costringono a scegliere tra ciò che è buono e ciò che è solo piacevole; le cose gradite ai sensi sono di poco aiuto nei momenti critici. Naturalmente, non tutti siamo capaci di trovare il coraggio che ha un vigile del fuoco quando entra in un edificio in fiamme, o la forza interiore di un soldato che combatte sul campo di battaglia. Ma possiamo tutti imparare da Amma il coraggio per affrontare le sfide della vita, anche quando essa può sembrare un vero inferno. Possiamo assorbire da Amma la forza necessaria per affrontare i nemici interiori di paura, rabbia, gelosia e altri sentimenti negativi.

Amma dice che le circostanze rappresentano uno dei mezzi migliori per valutare il nostro progresso spirituale, perché portano allo scoperto ciò che giace sotto la superficie. In un attimo, nelle giuste circostanze, si possono manifestare tutte le nostre paure e debolezze e anche la nostra forza. In presenza di Amma, abbiamo ampie opportunità di individuare il nostro carattere collerico, l'impazienza e altre tendenze negative.

Una volta, all'Ashram, un occidentale andò da un brahmachari e gli confidò alcuni suoi problemi. Disse: "Poco fa, nel tempio, stavo meditando così bene con Amma, quando all'improvviso un tipo alto e con una folta capigliatura è arrivato e si è seduto proprio davanti a me. Mi era praticamente addosso e io non riuscivo nemmeno più a vedere Amma. Di colpo il punto focale della mia meditazione si è spostato, e l'unica cosa cui riuscivo a pensare era quanto mi sarebbe piaciuto picchiare quel tipo e trascinarlo per i capelli fuori dal tempio".

Quando viviamo momenti difficili, è di grande aiuto ricordare che Dio non sta chiudendo i suoi occhi alla nostra infelicità, ma sta aprendo i nostri alla Verità. In realtà, il nostro ego e la nostra ignoranza stanno per aver fine, come risultato della maturità acquisita dalle lezioni della vita. Forse è questo che Amma ha in mente quando afferma: "Alla fine, tutti si volgeranno all'interno".

Una volta, una ragazza stava raccontando alla madre come nella sua vita tutto stesse andando storto: era debole in algebra, il suo ragazzo l'aveva lasciata e la sua migliore amica si era trasferita in un'altra città. Mentre l'ascoltava, la madre cucinava un dolce. All'improvviso si fermò e chiese alla figlia se lo volesse assaggiare.

"Certo! Non so resistere ai tuoi dolci".

"Eccoti un po' di olio allora", le offrì la madre.

"Che schifo!", protestò la ragazza.

"Allora vuoi due uova crude?".

"Rivoltanti, mamma!".

"Preferisci un po' di farina forse? O del lievito?".

"Ma mamma, è tutta roba disgustosa!".

La madre rispose: "Esatto. Tutte queste cose prese da sole sembrano cattive, ma se le metti insieme nel modo giusto, otterrai un dolce delizioso".

Similmente, ci chiediamo spesso: "Che cosa ho fatto per meritarmi questo?", oppure: "Perché Dio mi ha fatto questo?". In ultima analisi, qualunque cosa ci accada è il risultato delle nostre azioni passate, in questa o in precedenti vite, ma è anche vero che tutti gli esseri si muovono verso la liberazione finale e che le situazioni difficili e le circostanze che rappresentano una sfida sono opportunità per imparare e crescere. Troppo spesso, però, ignoriamo la foresta a favore degli alberi, non riuscendo a vedere il bene più grande dietro gli eventi della nostra vita.

Amma descrive l'atteggiamento che un aspirante spirituale dovrebbe avere nell'affrontare il suo *karma*[1]: "Un ricercatore non si preoccupa se gli accadono cose fortunate o sfortunate, sa che il suo karma è come una freccia già scoccata dall'arco; nulla può fermarla. La freccia può colpirlo, ferirlo, o addirittura ucciderlo, ma a lui non importa, e non fuggirà mai dal suo karma, perché sa che si tratta di un processo di purificazione che ripulisce le macchie create da lui stesso in qualche vita passata. E soprattutto, il vero ricercatore avrà sempre la protezione e la grazia del guru".

Possiamo vedere un trapezista lanciarsi a grande distanza da un trapezio all'altro, aggrappandosi alle caviglie di un compagno, eseguendo salti mortali ad altezze vertiginose e compiendo altre incredibili prodezze – sempre con un sorriso sfavillante sul volto. Forse pensiamo che il trapezista faccia tutto questo per denaro, o per fama, o semplicemente perché ama quella sensazione; in verità, ciò che gli consente di agire con tanta sicurezza e grazia, senza paralizzarsi per la paura, è l'assoluta certezza che non può sfracellarsi a terra, perché tra lui e il suolo c'è una rete di protezione. Allo stesso modo, quando sappiamo di essere al sicuro tra

---

[1] Letteralmente, 'azione'; catena degli effetti prodotti dalle nostre azioni.

le braccia di Amma, e che lei non ci abbandonerà mai, neppure nella morte, non abbiamo nulla da temere, e non potremo essere sconfitti da nulla.

Amma dichiara che il nostro 'rifugio' è laddove la nostra mente riposa costantemente. Può essere positivo o negativo, interiore o esteriore, ma è bene ricordare che prendere rifugio in qualsiasi cosa che non sia Dio o il guru ci causerà, alla fine, solo delusione e sofferenza.

C'è un verso nello *Srimad Bhagavatam*:

Prendete rifugio presso i santi più sublimi,
quei saggi le cui vite sono consacrate a Dio,
e imparate dalla loro condotta a vivere nel modo giusto
per vedere solo l'Uno in questo vasto universo.

Alcuni anni fa, Amma stava giocando con il figlio di un devoto nella loro piscina. Il bambino era affascinato dal flusso d'acqua che fuoriusciva da uno dei getti laterali. Di tanto in tanto, Amma copriva con la mano il flusso dell'acqua arrestandolo completamente, e allora il piccolo si sentiva confuso, ma poi spingeva via la mano di Amma in modo che l'acqua potesse riprendere a scorrere. Gradualmente, Amma spostò la mano sempre più in alto, finché raggiunse il tubo vero e proprio, e il bimbo poté vedere il punto esatto da cui arrivava l'acqua. In questo modo, ella riuscì a trasferire l'attenzione del bambino dal getto d'acqua alla sorgente da cui esso fluiva.

In modo simile, la maniera con cui Amma ci sta disabituando alla nostra dipendenza dal mondo – e aiutandoci infine a prendere rifugio soltanto in Dio – è l'immagine della pazienza, della persistenza e della perseveranza. Proprio come il bambino era inizialmente molto interessato al getto d'acqua, così noi siamo incantati dall'apparente realtà del mondo mutevole intorno a noi, che è in verità solo una proiezione della mente. Ed esattamente come Amma interrompeva a intermittenza il flusso dell'acqua, così Dio ci priva di quando in quando degli oggetti che tanto desideriamo, creando confusione e sofferenza nella nostra vita. E proprio come il bambino spingeva via la mano di Amma quando lei interrompeva il flusso dell'acqua, anche noi resistiamo agli instancabili sforzi di Amma di insegnarci la reale natura del mondo, non comprendendo che per compassione sta cercando di salvarci dalle nostre illusioni. E così è la sofferenza della vita ad aiutarci davvero a dirottare la nostra attenzione dagli oggetti del mondo alla sorgente interiore di ogni felicità.

Recentemente, a un giornalista che le ha chiesto: "Quando ripensa alle sue umili origini, non si meraviglia nel vedere quanto grandi siano diventati la sua organizzazione e il suo seguito, in un tempo tanto breve?", Amma ha risposto: "Non mi stupisco, perché è dalle piccole cose che derivano le grandi. Dunque non provo meraviglia". Poi ha aggiunto: "Se sulla terra tutti fossero felici, *quella* sarebbe una meraviglia!".

Capitolo 7

Possedete un diamante: la vera ricchezza è la spiritualità

"Per vivere una vita pura e altruista, nell'abbondanza nulla deve essere considerato come proprio".

– Buddha

Recentemente ho letto la storia di un uomo che ha vinto alla lotteria 100 milioni di dollari. Al momento di ricevere il denaro, comprese che la sua vita sarebbe cambiata dall'oggi al domani. Quello che ignorava, però, era che i cambiamenti non sarebbero necessariamente stati per il meglio.

Prima di vincere alla lotteria, era stato un uomo d'affari di discreto successo, felicemente sposato e con dei nipoti adolescenti, ma dopo quella ricca vincita, la sua vita andò in pezzi. Casa e auto subirono continui furti, egli prese a frequentare cattive compagnie che, a suo dire, lo convinsero a fare cose che non avrebbe mai fatto prima, fu arrestato per guida in stato di ubriachezza, gli fu ritirata la patente, sua moglie lo lasciò e la giovane nipote morì per un'overdose. L'uomo ora assicura che restituirebbe volentieri il denaro pur di riavere la sua vecchia vita.

In realtà, più ci immergiamo nella vita del mondo, più la spiritualità diventa necessaria. Amma afferma che non c'è differenza tra spiritualità e vita mondana: la spiritualità, né più né meno, è la scienza di una vita ben vissuta, è il manuale d'uso per il corpo, la mente e l'intelletto.

La vita è molto più sottile e complessa di quanto immaginiamo. È necessaria una particolare abilità interiore per fare un uso appropriato di quello che ci succede, per vivere davvero felicemente. Quale utilità possono avere per noi gli oggetti del mondo se ci manca la corretta comprensione di come vivere e come usarli? Quante persone cosiddette 'di successo' sgobbano ininterrottamente per comprare un'auto di lusso solo per poi causare un incidente sotto l'effetto dell'alcool? Possiamo certamente inseguire la ricchezza e gli agi materiali, ma è necessario un maestro spirituale come Amma per impartirci la sottile comprensione interiore di come usare in modo appropriato tutta la ricchezza e gli agi. È la nostra mancanza di comprensione della natura del mondo – e della forza emotiva necessaria per mettere in pratica tale comprensione – a tenere lontane da noi la pace e la felicità durature.

Non possiamo andare alla ricerca della felicità come se vivessimo nel vuoto, completamente indipendenti dal resto della società e del mondo. Questo atteggiamento ignora la realtà della vita, le leggi della natura e dell'universo e perfino i semplici fatti della scienza.

Recentemente ho letto una storia che illustra questo punto. Il costo medio per la riabilitazione di una foca dopo una fuoriuscita di petrolio è di 80.000 dollari. Nel corso di una cerimonia, due foche furono restituite al loro ambiente naturale tra le acclamazioni e gli applausi dei presenti. Un minuto dopo, furono entrambe divorate da balene killer. Tutti provarono orrore e delusione, pensando che i loro sforzi erano stati vani. Ma il nostro interesse non è forse quello di salvare l'intero ecosistema? E la balena killer non è anch'essa parte di questo ecosistema? Poiché il risultato finale fu in qualche modo utile all'ambiente, nessuno può affermare che si trattò di un evento negativo, anche se certo non era quello che tutti volevano o si aspettavano. Così provarono molto dolore.

Sebbene gli sforzi delle persone coinvolte in quel progetto fossero senza dubbio lodevoli, a causa del loro desiderio di vedere ristabilita la salute delle foche, gli spettatori avevano dimenticato la realtà della vita selvatica, aprendo così la strada all'amarezza. In modo analogo, quando facciamo qualcosa per una buona causa, spesso scopriamo che stiamo sviluppando inconsciamente un notevole attaccamento ai risultati. Quando le cose non vanno come ci aspettiamo, possiamo perdere l'entusiasmo per perseverare nello sforzo di aiutare gli altri e di determinare un cambiamento positivo nel mondo. In definitiva, sono le nostre aspettative e i desideri, e non il bene generale, a determinare solitamente la nostra reazione alle situazioni.

C'è una storia risalente ai primi anni di vita del grande santo Tulsidas che dimostra quanto possiamo essere accecati dal desiderio e dall'attaccamento. Un giorno, Tulsidas non era in casa quando la moglie ricevette un messaggio urgente dai suoi genitori, che la convocavano a casa loro in un villaggio dall'altra parte del Gange. Quando Tulsidas ritornò a casa e non trovò la moglie, si agitò molto. Poiché desiderava tanto vederla, decise di andare da lei immediatamente. Pioveva a dirotto, il Gange era gonfio ma lui, nonostante non potesse nuotare né trovare una barca, non si scoraggiò. Vedendo un cadavere che galleggiava, gli si aggrappò e lo usò per attraversare il fiume. Quando arrivò a casa dei genitori di sua moglie era molto tardi e la casa era chiusa. Non volendo attendere le prime luci dell'alba, si arrampicò furtivamente sul muro e salì sul tetto. Da lì si aggrappò a quella che pensò essere una corda e cercò di entrare dalla finestra. Ma la corda si rivelò essere un serpente, che strisciò via non appena egli cercò di afferrarlo, e di conseguenza Tulsidas cadde con un tonfo sul pavimento della stanza di sua moglie. La sua camicia era lacera, lui era bagnato fradicio e il corpo emanava il fetore del cadavere. Non riconoscendolo, la moglie gridò: "Al ladro!".

Tulsidas cercò di consolarla dicendole: "Non sono un ladro qualunque, sono il ladro del tuo cuore!".

Ma la moglie non ne fu impressionata. "Sei tanto attaccato a una donna da non sopportare di lasciarla neppure per una notte? Se avessi per il Signore Rama anche solo la metà di questo attaccamento, lo avresti raggiunto già da tempo!".

Udendo queste parole, Tulsidas fu completamente trasformato. Dedicò il resto della vita alla contemplazione del Signore Rama e compose anche una versione del *Ramayana*, il *Ram Charit Manas*, che è ampiamente letto ancora ai nostri giorni.

Proprio come Tulsidas fu accecato dal desiderio, anche noi perdiamo spesso la visione d'insieme per inseguire una gratificazione momentanea. Ma quando cominceremo a capire i limiti del desiderio, inizieremo spontaneamente a guardarci dentro.

Passiamo gran parte della nostra vita in uno stato di tensione, prima facendo tutto di fretta cercando di risparmiare tempo, e poi preoccupandoci cercando di trovare il modo di impiegare il tempo che abbiamo voluto risparmiare.

Alla fine pensiamo: "Che splendida vita ho avuto! Se solo lo avessi capito prima!". Questo non significa che l'essenza della spiritualità sia l'inattività; se così fosse, le pietre e gli alberi sarebbero i più grandi saggi del mondo. Piuttosto, quello che serve è un'azione senza attaccamento ai risultati dell'azione. Questo è ciò che vediamo in Amma: azione con calma mentale, con una mente equilibrata.

Nella *Bhagavad Gita*, Sri Krishna dice ad Arjuna:

dūreṇa hyavaraṁ karma buddhiyogād-dhanaṁjaya
buddhau śaraṇam anviccha kṛpaṇāḥ phalahetavaḥ

L'azione motivata, o Dhananjaya, è molto inferiore
a quella compiuta con equanimità di mente;

prendi rifugio nella serenità della mente;
infelici sono i ricercatori di risultati!

(2.49)

Meno passione non significa avere meno energia complessiva, ma piuttosto consumare meno energia nelle emozioni e averne di più per servire gli altri. Questa, quindi, è veramente la migliore e più autentica tecnica di gestione delle risorse: la distribuzione della nostra limitata energia umana nel modo più efficace per il bene del mondo. Una persona sempre preda delle sue emozioni non potrà mai concludere molto. Una parte importante della gestione, in ogni settore, consiste nella riduzione dello spreco e nell'aumento dell'efficienza. Una mente ribelle sperpera tempo ed energia reagendo in modo spropositato alle situazioni, rimuginando sul passato e preoccupandosi del futuro. Una mente simile è anche inefficiente, a causa della sua incapacità a percepire i principi essenziali in azione in ogni circostanza. I veri vincenti possiedono equilibrio e flessibilità mentale, capacità di perdonare, pazienza e altre qualità simili.

Se osserviamo Amma da vicino vediamo che non spreca mai tempo o energia. Anche mentre dà il darshan, si occupa di altre mille cose: concede interviste ai giornalisti, risponde a lunghe liste di domande riguardanti la gestione delle sue numerose istituzioni caritatevoli, presta attenzione personale ai devoti e ai discepoli che hanno bisogno di guida, indica soluzioni perché la folla intervenuta possa godere di maggiore comfort, conferisce mantra e nomi spirituali.

A livello fisico, naturalmente, diverse persone compiono cose che, a prima vista, possono sembrare simili a quello che fa Amma. Ma guardiamo meglio. Per esempio, possono esserci persone cui piace dare abbracci e che sono in grado di darne un numero maggiore rispetto alla media delle persone, ma hanno la pazienza di abbracciare migliaia di individui di seguito senza mangiare né dormire, ogni giorno, per così tanti anni? Oppure, come Amma, ci sono dirigenti alla guida di molteplici istituzioni, ma sanno essere anche un perfetto esempio di rinuncia e sacrificio al pari di Amma? Alcuni possiedono molta conoscenza del mondo esteriore, ma capiscono anche il cuore e la mente degli altri esseri umani? Perfino chi è seduto vicino ad Amma si sentirà presto esausto solo ad ascoltare tutti i problemi che le vengono sottoposti, e senza essere lui a dover trovare le soluzioni!

Inoltre Amma offre ai devoti l'opportunità di passare più tempo vicino a lei svolgendo determinati compiti, come porle in mano il prasad che lei darà ai devoti. Ma spesso Amma dà il darshan a un tale ritmo, e ci sono così tante distrazioni intorno a lei, che perfino questo semplice compito mette alla prova molte persone – mentre invece Amma è impegnata simultaneamente in una dozzina di mansioni e le svolge tutte con grazia e perfezione.

E ricordiamo che Amma non si limita ad abbracciare le persone per tempi lunghissimi, cosa che in sé è già un miracolo, ma *parla* a ogni persona che va al darshan. La consola, o risponde alle sue domande, o la consiglia, o si congratula per un lavoro ben svolto. Così facendo, Amma parla quotidianamente per 12 o più ore di seguito e inoltre canta anche i bhajan tutti i giorni. La maggior parte di noi inizia a perdere la voce se è costretta a parlare in continuazione anche solo per un paio di giorni di seguito. Talvolta la voce di Amma diventa rauca, ma il momento dopo, grazie alla sua forza di volontà, ella può parlare o cantare con la piena potenza di un oratore o di un consumato cantante, sebbene solitamente nel giorno dell'esibizione queste persone diano completo riposo alla loro voce, bevano tisane e assumano pasticche emollienti per la gola.

Nonostante si impegni in tutte queste attività, Amma non mostra mai alcun segno di stress o di tensione. Normalmente, una persona che svolga anche solo una piccola parte dei compiti di Amma, non solo sarebbe molto stressata, ma creerebbe anche stress agli altri. Amma invece non soffre di alcun effetto negativo a causa delle tante azioni in cui è impegnata – nessuna tensione, stress, esaurimento o noia. E non solo Amma è esente da stress, ma è in grado anche di liberare gli altri dallo stress. Ho parlato con molti devoti psichiatri e psicoterapeuti i quali affermano che Amma è la suprema "acchiappa-stress"!

Il segreto dell'abilità di Amma nell'esprimere tutte queste qualità divine è l'*Atma jnana,* ovvero la conoscenza del Sé. Si dice che Atma jnana sia la conoscenza "attraverso la quale, tutto il resto è conosciuto". Se sappiamo incanalare l'energia contenuta in un nucleo, possiamo applicarla in ogni campo. In modo analogo, la conoscenza del Sé di Amma pervade ogni suo pensiero. Nell'osservare Amma, possiamo assistere a questo interessante paradosso: ella percepisce contemporaneamente l'intero e ogni sua singola parte. Considerando i particolari, ella dirà: "Amma ritiene che l'amiate veramente solo se sentite amore anche per una piccola formica" e il momento dopo, starà dando consigli su come amministrare le sue numerose istituzioni, come l'AIMS, l'ospedale di Amma da 1.300 posti letto, o l'Amrita Vidyalayam, il suo sistema scolastico che conta 53 scuole sparse in tutta l'India.

Un'anima che ha realizzato il Sé come Amma comprende veramente le parole delle Scritture: "Il microcosmo e il macrocosmo sono una cosa sola". Poiché i mahatma hanno realizzato la loro unità con il Sé onnipervadente, possono vedere sia il tutto nel singolo, sia il singolo nel tutto. Amma dice che l'intero universo è contenuto in ognuno di noi, riferendosi al fatto che il *jivatma* (l'anima individuale) e il *Paramatma* (l'Essere supremo) sono la stessa cosa. Quando l'ignoranza del jivatma è rimossa, egli comprende di non essere altro che il Paramatma, come un'onda realizza in verità di essere una sola cosa con l'oceano.

Se vogliamo diventare un po' più simili ad Amma, c'è una progressione logica da seguire. Se uno scienziato vuole capire come incanalare l'infinita energia contenuta in un nucleo, comincia a studiare la natura dell'atomo, che contiene e nello stesso tempo cela l'energia nucleare. In modo simile, per raggiungere Atma jnana, dobbiamo per prima cosa comprendere la natura della nostra mente, la quale al tempo stesso nasconde e rivela la nostra natura infinita.

Una volta, un re stava uscendo da palazzo per fare la sua passeggiata mattutina quando un mendicante gli tagliò la strada e gli sbarrò il cammino. Il sovrano non lo scacciò, ma gli chiese che cosa volesse.

La risposta non fu esattamente quella che il re si aspettava. Il mendicante, infatti, cominciò a ridere a crepapelle e alla fine, prendendo fiato, spiegò la cosa che trovava tanto divertente: "Mi chiedete cosa voglio come se poteste esaudire il mio desiderio!".

Offeso, il re esclamò: "Certo che posso esaudire il tuo desiderio, basta che tu mi dica qual è!".

"Pensateci due volte prima di promettere qualcosa", rispose il mendicante.

Il re non prestò attenzione all'avvertimento del mendicante e insistette: "Posso esaudire qualunque cosa tu mi chieda. Io sono il signore di tutto quello che vedi. Che cosa puoi mai desiderare che io non sia in grado di darti?".

"Il mio è in effetti un desiderio molto semplice", iniziò il mendicante. "Potete riempirmi la ciotola? Qualunque cosa scegliate andrà bene".

"Certamente", disse il sovrano e, fatto chiamare uno dei suoi subalterni, gli diede le seguenti istruzioni: "Porta tante monete d'oro quante ne servono per riempire molte volte la ciotola del pover'uomo". Il subalterno rientrò nel palazzo e ne uscì con un grande sacco pieno d'oro, lo rovesciò e ne versò il contenuto finché la ciotola del mendicante avrebbe dovuto traboccare. Ma accadde una cosa strana: nel momento in cui le monete d'oro entrarono nella ciotola, scomparvero istantaneamente come se fosse più profonda di quanto non sembrasse. Pensando si trattasse di un trucco, il re ordinò al suo dipendente di continuare a versare le monete nella ciotola, sicuro che avesse un limite. Ma l'uomo continuava a versare e le monete continuavano a scomparire non appena toccavano il fondo della ciotola. Alla fine, il grosso sacco fu svuotato completamente e nella ciotola del mendicante non rimase neppure una moneta. Poiché il re aveva dato la sua parola di riempire la scodella ed era ancora convinto che essa non potesse contenere che una piccola frazione della sua ricchezza, rimandò il dipendente a riempire nuovamente il sacco. La stessa scena si ripeté più e più volte.

Dopo un po', cominciò a circolare la voce della bizzarra scena che si stava svolgendo alle porte del palazzo. A mezzogiorno si era già raccolta una grande folla. Ora, era in gioco il prestigio del re. Il subalterno lo esortò a far allontanare il mendicante senza versare altre monete in quella ciotola senza fondo, ma il re dichiarò: "Anche se andasse perduto l'intero regno, così sia, non sarò sconfitto da questo straccione!".

Alla fine, le monete d'oro si esaurirono, ma il re continuò a vuotare gli altri suoi tesori nella ciotola. Diamanti, perle e smeraldi – tutto quello che ci finiva dentro – immediatamente scompariva in un vortice. Al tramonto, il tesoro del palazzo era ridotto a una stanza vuota. Tutti gli spettatori rimasero in silenzio, come vittime di un incantesimo. Infine, il re cadde ai piedi del mendicante e ammise la sconfitta. Prima che questi riprendesse il suo cammino, il sovrano in persona mendicò: "Hai vinto, questo è certo. Ma prima che tu vada, dimmi almeno una cosa: di cosa è fatta questa ciotola?".

Ridendo, il mendicante disse: "Non è un segreto. Questa ciotola non è altro che la mente umana. Non può mai essere soddisfatta".

In effetti, cercare di porre fine ai propri desideri soddisfacendoli, equivale a spegnere un furioso incendio versandoci sopra della benzina. Ogni volta che cediamo ai nostri desideri, questi si rafforzano; l'unico modo per vincerli definitivamente è usare la nostra discriminazione, che consente di vedere i limiti insiti negli oggetti desiderati. Questo ci darà la forza interiore per superarli.

Alcune centinaia di anni fa, in Tamil Nadu visse un grande saggio di nome Pattinatthar. Prima di rinunciare al mondo, era stato la persona più ricca della città costiera di Kavirapum Pattinam. Tuttavia, non era riuscito ad avere un figlio. Un giorno, un brahmino trovò un bambino ai piedi di un albero e, sapendo quanto Pattinatthar desiderasse un figlio, glielo portò e fu riccamente ricompensato. Pattinatthar crebbe il piccolo come fosse proprio.

Raggiunta la maggiore età, il figlio di Pattinatthar chiese al padre la benedizione per diventare un mercante viaggiatore. Sebbene fosse riluttante a vederlo partire, gli diede il permesso, nella speranza che il giovane seguisse le sue orme e lo rendesse ancora più ricco. Poco dopo, il figlio di Pattinatthar noleggiò una nave e salpò per porti lontani.

Dopo molto tempo, a Pattinatthar giunse notizia che la nave del figlio era ritornata ed era ancorata nel porto della sua città. C'era un problema però: le voci dicevano che il giovane avesse perduto l'equilibrio mentale e fosse tornato con una nave carica soltanto di crusca e letame secco. Indignato, Pattinatthar corse a vedere di persona. Lungo il tragitto, senza accorgersene, forse incrociò il figlio perché, quando arrivò alla nave, questi se ne era già andato. Entrando nei vani inferiori dell'imbarcazione, Pattinatthar si rese conto che le dicerie erano vere: non c'erano che crusca e sterco, dal pavimento al soffitto, da parete a parete. Maledicendo il destino e gridando infuriato contro il suo indegno figlio, Pattinatthar prese una manciata di letame secco e la scagliò contro la parete della barca. Frantumandosi, disseminò nella stanza piccoli frammenti scintillanti. Guardando più attentamente, egli notò che la manciata di letame era piena di diamanti, perle e gemme preziose. Prese altre manciate di letame, le spaccò e vide che erano tutte uguali alla prima. Suo figlio le aveva imballate in quel modo per evitare il saccheggio dei pirati sulla via del ritorno.

Mentre tornava a casa, Pattinathar era accecato dalle lacrime – lacrime di gioia per l'ingegnosità del figlio e per il suo successo, e lacrime di rimorso per averlo maledetto tanto.

Quando giunse a casa, trovò la moglie in piedi sulla soglia con un viso terreo. Ella lo informò che il figlio era venuto e già andato via[9]. Il giovane aveva lasciato soltanto una piccola scatola, chiedendole di consegnarla al padre. Dentro la scatola c'era un bigliettino arrotolato su un piccolo ago con la cruna rotta. Il bigliettino diceva: "Nemmeno questo ago dalla cruna rotta ti accompagnerà dopo la morte". Leggendo quelle parole e con l'ago in mano, il ricco rimase attonito. Per la prima volta capì che, nonostante tutte le sue ricchezze, avrebbe lasciato questo mondo a mani vuote e che non avrebbe potuto portare con sé neppure la più piccola e inutile delle cose – un ago dalla cruna rotta. Comprendendo questo, l'uomo decise così di lasciarsi tutto alle spalle per cercare soltanto Dio. Prima di andarsene, diede istruzioni al contabile su come distribuire le sue ricchezze ai bisognosi.

Sentendo che il ricco aveva abbandonato la vita mondana, il re della regione rimase sconvolto. Anche lui aveva beneficiato

---

[9] Il ragazzo non fu più visto né sentito. Molti ritengono che fosse un'incarnazione del Signore, il cui solo scopo era di portare Pattinatthar sul sentiero spirituale.

della generosità di Pattinatthar quando le sue ricchezze avevano subito dei tracolli. Il sovrano decise che doveva vederlo e lo trovò seduto su una roccia in un luogo desolato nei sobborghi della città, vestito solo di un perizoma. Fermatosi davanti a lui, gli chiese: "Che cosa ti è successo? Eri l'uomo più ricco del regno. Che cosa hai ottenuto lasciando tutto?".

Pattinatthar guardò il re e sorrise: "Maestà, un tempo ero solito alzarmi con rispetto quando voi passavate. Quando mi chiamavate, correvo da voi come uno schiavo. Ora, siete voi in piedi, mentre io rimango seduto".

Libero dal desiderio, Pattinatthar non aveva nulla da guadagnare dal mostrare rispetto al re e il re non aveva nulla da offrirgli. Comprendendo la verità delle sue sagge parole, il sovrano si prosternò semplicemente ai suoi piedi e ritornò a palazzo in silenzio.

Solo chi possiede qualcosa può veramente farne dono a un altro. Naturalmente, più grande è la ricchezza, maggiore sarà la capacità di dare. Ma Amma dice: "La vera ricchezza è la spiritualità. È questa ricchezza interiore che ci aiuta a diventare 'più ricchi dei più ricchi'". Sulla base di questa definizione, Amma è, ed è sempre stata, la persona realmente più ricca del mondo; pur distribuendo da più di 36 anni grandi quantità della sua ricchezza spirituale, essa non è diminuita di un briciolo. Sebbene spesso non ne realizzino neppure il valore, tutti coloro che vengono al darshan si allontanano con il diamante della benedizione di Amma.

Capitolo 8

Gestire la mente

"Molti confondono una cattiva gestione con il destino".

– Kin Hubbard

Al giorno d'oggi vediamo che il mondo degli affari e perfino quello militare dimostrano un autentico interesse per i principi della spiritualità, tanto grande è il bisogno di liberarsi dallo stress e di acquisire serenità mentale. Le forze paramilitari indiane hanno recentemente chiesto ad Amma di offrire dei corsi di meditazione a oltre un milione di soldati. Dopo che i brahmachari di Amma hanno iniziato a insegnare gratuitamente la "Tecnica di Meditazione IAM®" nei centri paramilitari in tutto il Paese, gli altri settori dell'esercito hanno fatto la stessa richiesta. Molti uomini d'affari, inoltre, vengono da Amma per chiederle consigli e guida, e alcune società hanno iniziato a offrire la "Tecnica di Meditazione IAM®" ai loro impiegati.

È chiaro che i principi della spiritualità possono essere applicati agli affari e ad altri campi, ma anche alcuni principi essenziali del mondo degli affari possono essere applicati alla spiritualità.

Una volta, in un grande magazzino mancò la luce elettrica. Era buio pesto e i clienti non potevano vedere nulla. Una signora piuttosto nervosa, che si trovava vicino a un commesso, gli chiese: "Può fare qualcosa, per favore?".

"Mi dispiace signora", rispose il commesso. "Mi occupo di vendite, non di gestione".

A prescindere dal fatto in sé, questa storiella illustra un punto importante. Per avere successo nella carriera, per guadagnarsi da vivere, è sufficiente specializzarsi in un settore: possiamo occuparci di vendite ma non sapere nulla di amministrazione, o viceversa. Per avere successo nella vita, invece, dobbiamo imparare a essere sia venditore sia direttore, dobbiamo saper vendere cose positive alla nostra mente e contemporaneamente gestire le situazioni difficili della vita.

Naturalmente, alcuni possono non avere un'alta opinione dei manager in generale. Facciamo un esempio: un uomo sta viaggiando su un pallone aerostatico e scopre di essersi perso. Scende di quota e intravede una persona in un campo sottostante. Si abbassa un altro poco e grida: "Mi scusi, mi può dire dove mi trovo?".

L'uomo dice: "Si. Lei è in un pallone aerostatico a circa 10 metri sopra questo campo".

"Grazie tante, lo so anch'io!", risponde l'aeronauta seccato.

L'uomo replica: "Lei deve essere un manager".

"Si", risponde il pilota. "Come fa a saperlo?".

"Bèh", dice l'uomo, "lei non sa dove si trova, o dove sta andando, ma si aspetta che io sia in grado di aiutarla. Lei è nell'identica situazione in cui era prima di incontrami, ma adesso la colpa è mia!".

Non è questo il tipo di gestione cui ci riferiamo quando parliamo di amministrare la mente. Non significa usare false giustificazioni o accusare gli altri per evitare le proprie responsabilità, ma diventare padroni della nostra mente e di tutte le sue reazioni e risposte.

Una volta, un uomo stava facendo colazione con la famiglia prima di correre in ufficio a presenziare una riunione molto importante che avrebbe deciso il futuro della sua compagnia. Allungando la mano per prendere il succo d'arancia, sua figlia urtò accidentalmente la tazza di caffè bollente che era davanti a lui, versandogliela sulla camicia bianca stirata di fresco. Già preoccupato per l'esito dell'incontro di quella mattina, egli esplose di rabbia, rimproverando con durezza la figlia per la sua mancanza di attenzione; poi andò a cambiarsi la camicia. Uscendo di casa, trovò sua figlia in lacrime seduta sui gradini: sconvolta dalla scenata, aveva perso l'autobus e ora aveva bisogno di un passaggio.

Già in ritardo, l'uomo guidò ben oltre i limiti di velocità per riuscire a portare la figlia a scuola e arrivare puntuale al lavoro, ma fu fermato da un poliziotto che gli fece una bella ramanzina e gli affibbiò una multa salatissima. Infine, arrivato in ritardo alla riunione, l'uomo si accorse di aver lasciato a casa la valigetta con il materiale necessario per la sua presentazione. Poiché non fu in grado di dare alcun contributo alla riunione, la sua società fu acquistata da una compagnia rivale ed egli fu licenziato in tronco. Di colpo l'uomo si ritrovò senza lavoro e si allontanò dalla moglie e dalla figlia. Riflettendo su ciò che era successo, si rese conto che tutta la sua agitazione era derivata dall'esagerata reazione all'incidente del caffè rovesciato. Non aveva avuto alcun controllo su quell'evento; se in quel momento fosse stato capace di controllare la rabbia, tutti gli altri problemi incontrati quel giorno sarebbero stati evitati. In quel modo, invece, un mucchietto di terra era diventato una montagna.

Amma ci ripete spesso che la spiritualità è il processo di imparare a gestire la mente. Per farlo con successo, però, dobbiamo diventare anche esperti di vendite. La nostra mente è un cliente difficile che generalmente rifiuta di accettare ciò che è positivo per noi.

D'altro canto, Amma dice che la mente è anche il più grande venditore di tutti i tempi, veramente esperta nel spacciarci le sue idee e le sue scelte, specialmente quelle che ci soddisfano a breve termine ma che, alla fine, non ci condurranno a ciò che è davvero vantaggioso. Dunque, dobbiamo imparare a essere venditori migliori della mente, così da poter riconoscere le cose buone dalle cattive e convincerla a seguire il sentiero giusto. Amma fa l'esempio del bambino cui viene offerta la possibilità di scegliere tra una ciotola di cioccolatini e una di monete d'oro. Il bambino sceglierà sempre i cioccolatini, che gli danno una gratificazione immediata, ignorando che con le monete d'oro potrebbe comprare qualunque quantità di cioccolato, e anche pagare le cure del dentista in seguito!

Come adulti, quella ci sembra una scelta facile, eppure siamo messi di fronte a scelte simili ogni giorno. Per esempio, guardare la TV o meditare? Trovare il modo di servire la nostra comunità o andare a comprare dei vestiti nuovi? Leggere il libro giallo appena uscito o la *Bhagavad Gita*?

È istruttivo conoscere la storia di Nachiketas nella *Katha Upanishad*. Alla ricerca della vera conoscenza, Nachiketas va a incontrare Yama, il Signore della Morte, ma quando chiede a Yama di istruirlo, questi cerca di dissuaderlo dalla sua ricerca offrendogli piaceri sia terreni che celesti – una vita lunga e sana, meravigliosi palazzi, fanciulle angeliche e ricchezze illimitate. Yama è un buon venditore, ma Nachiketas è un cliente difficile. Respinge con sicurezza tutto quello che Yama gli offre, rifiutandosi di essere soddisfatto da qualsiasi cosa che non sia l'Atma jnana.

In verità, Yama stava solo mettendo alla prova Nachiketas per assicurarsi che fosse un discepolo adatto, prima di impartigli la conoscenza spirituale.

Fortunatamente per noi, Amma non è esattamente così. Non ci sottopone a prove tanto severe, forse perché sa che la maggior parte di noi non le supererebbe, e anzi, davanti alle sue meravigliose offerte, perderebbe addirittura i sensi! Proprio come un esperto uomo d'affari studia il mercato, la competizione e il comportamento dei consumatori, così Amma comprende la natura del mondo, la natura degli esseri umani e le loro attitudini e abitudini. Amma sa che nel mondo attuale, la spiritualità è un prodotto difficile da vendere. Talvolta, scherzando, dice che se Dio in persona venisse da noi per offrirci l'illuminazione mentre stiamo guardando la televisione, noi risponderemmo: "O Signore, il programma non sarà replicato. Tu sei eterno, ti spiacerebbe ripassare più tardi?".

La TV, i libri gialli e i centri commerciali sono solo alcune delle molte cose che competono per avere la nostra attenzione. Ecco perché Amma ci sta offrendo un pacchetto 'tutto compreso'. Quando andiamo da lei con un desiderio o un problema, Amma ci aiuta a esaudire il primo o a risolvere il secondo, e contemporaneamente ci assiste pian piano a rivolgere la mente verso la spiritualità.

Molti giovani indiani che avevano espresso ad Amma il desiderio di andare in America, alla fine vi hanno trovato lavoro, ma col tempo, incontrando Amma durante i suoi tour in America due volte l'anno, sono stati così ispirati dal suo esempio da capire presto che il loro unico desiderio era di ritornare in India e vivere nel suo Ashram.

È difficile raccomandare alla nostra mente delle cose buone, ma Amma rende i suoi prodotti – amore, compassione e servizio – irresistibili. E così, in un certo senso, sebbene i suoi articoli siano offerti gratis, Amma si occupa anche delle vendite. E non si limita a questo, infatti si dedica anche all'amministrazione.

Poiché la rete di attività umanitarie coordinate dal Mata Amritanandamayi Math è cresciuta sempre più, alcuni possono avere l'impressione che Amma non sia più direttamente coinvolta nella loro gestione e che sia diventata solo una prestanome. Al contrario, per quanto cresca la rete delle attività, Amma continua a svolgere il compito sia di macro-manager sia di micro-manager. Pur trascorrendo oltre la metà di ogni sua giornata a dare il darshan, è comunque in grado di interagire direttamente con le migliaia di persone impegnate a portare avanti il lavoro dell'Ashram, consigliarle e mantenere una relazione personale con ogni singolo devoto. Questo è forse uno dei più grandi miracoli che il mondo abbia mai visto.

Amma è forse la sola persona sulla terra che abbia uno stretto rapporto con decine di migliaia di persone. Alcuni anni addietro, qualche tempo dopo un programma di Amma a Kochi, uno degli autisti dell'Ashram, che lavora all'ospedale di Amma, si recò ad Amritapuri per il darshan. Quando Amma lo vide gli chiese: "Senti, dov'eri durante il programma di Kochi?".

L'autista spiegò che era stato al programma, ma vedendo quanta gente fosse intervenuta per ricevere il darshan, non aveva voluto aggiungere altro carico al lavoro di Amma. "Ho pensato che fossi troppo occupata", spiegò.

"Chi era occupato? Tu o io?", gli chiese Amma. "Saresti dovuto venire al darshan".

L'autista rimase scioccato, vedendo che Amma aveva notato la sua assenza, e anche di più perché aveva pensato di chiedergli spiegazioni. Io mi trovavo lì vicino e rimasi sorpreso a mia volta. In fondo, quale dirigente si preoccuperebbe per l'assenza di uno fra le sue centinaia di autisti? Ma Amma parlò con lui come se avesse tutto il tempo del mondo.

Mi sono spesso chiesto se Amma abbia trovato in qualche modo il sistema di aumentare le 24 ore della giornata senza che nessuno se ne sia accorto. Naturalmente, però, chiunque abbia fatto grandi cose ha avuto a disposizione solo 24 ore al giorno, proprio come hanno solo 24 ore al giorno anche i criminali e i perdigiorno. In definitiva, ciò che siamo capaci di realizzare dipende interamente dall'uso che facciamo del tempo a nostra disposizione.

Le storie seguenti illustrano l'elevato grado di coinvolgimento di Amma nelle attività quotidiane delle sue istituzioni.

Il primo episodio mi è stato raccontato dal brahmachari che sovrintende al campus dell'università di Amma di Amritapuri. In questa università, l'anno scorso fu aperta la nuova Facoltà di Lettere e Scienze, in aggiunta alle già esistenti Facoltà di Ingegneria, di Biotecnologia e al College di Ayurveda, e quest'anno una nuova Facoltà di Scienze Sociali. Considerata tale espansione, erano necessari ulteriori computer. Il brahmachari chiese ai capi dei vari dipartimenti di consultarsi con lo staff e riferirgli poi il numero totale di computer necessari. Qualche tempo dopo, gli fu presentata una richiesta ufficiale di 150 computer. Colpito dalla loro sollecitudine e dal loro impegno, il brahmachari riferì direttamente la richiesta ad Amma. Ma quando le presentò la previsione di acquisto, Amma rispose: "Perché vuoi spendere tanto denaro inutilmente? In verità, dovresti fare i compiti prima di avanzare una simile richiesta".

Il brahmachari non protestò, ma se ne andò con il cuore pesante, chiedendosi: "Perché Amma ha detto così? In fondo lo staff ha condotto uno studio dettagliato e ha consultato tutti gli interessati". Più tardi, quella notte, mentre si girava e rigirava nel letto incapace di dormire, improvvisamente comprese che le parole di Amma erano corrette: "Dovresti fare i compiti", aveva detto, ed era vero – egli non aveva condotto personalmente l'indagine, ma aveva solo raccolto lo studio dei vari dipartimenti accettandolo come dato di fatto. Compreso questo, restò alzato il resto della notte ad analizzare i vari resoconti e le cifre. Alla fine si rese conto che, non avendo avuto accesso alle reciproche informazioni, i responsabili dei vari settori non avevano pensato a condividere le risorse. E in realtà non 150, ma solo 90 computer erano davvero necessari. Questa semplice constatazione gli consentì di risparmiare oltre un milione di rupie. Il giorno seguente, egli tornò da Amma con una proposta ridimensionata. Prima che potesse dire una parola, Amma lo guardò e sorrise. Nel bel mezzo del darshan, gli chiese: "Allora, hai fatto i compiti?". Egli la mise al corrente delle sue scoperte e lei gli disse di procedere con l'acquisto.

Uno dei più nuovi progetti dell'Ashram si chiama *Matru Gramam*, ovvero Villaggio della Madre. Con questo progetto, l'Ashram ha avviato delle cooperative di donne nei villaggi intorno all'Ashram, dove le famiglie tradizionalmente fanno affidamento sulla pesca come unica fonte di guadagno. In passato, se la pesca era scarsa, o al marito accadeva qualcosa in mare, queste donne e i loro bambini non avevano alternativa che soffrire la fame. Ora, l'Ashram fornisce loro la formazione e il supporto materiale per confezionare e vendere svariati prodotti nelle loro comunità. Queste cooperative realizzano varie cose: scarpe, cioccolato, uniformi scolastiche, sari, prodotti della pesca e sottaceti. Ci sono già circa 600 cooperative, ma Amma dimostra ancora un grande interesse nel verificare i progressi di ciascun gruppo.

Recentemente, uno di questi gruppi di donne ha portato ad Amma un dolce al latte da loro prodotto e che progettavano di cominciare a vendere presto. Sebbene quel giorno Amma fosse molto occupata a dare il darshan a una grande folla di devoti, si prese il tempo per fermarsi e assaggiare il frutto della fatica di queste donne. Non appena lo ebbe assaggiato, però, si rese conto che qualcosa non andava e, interrogate le donne circa il metodo di preparazione, fu chiaro che per risparmiare avevano sostituito il ghi con olio di palma. Amma spiegò loro che l'olio di palma ne rovinava il sapore, poi chiamò il brahmachari responsabile della cucina dell'Ashram e gli chiese di mostrare alle donne come preparare il dolce usando gli ingredienti giusti. Sebbene quello fosse soltanto uno degli oltre 600 gruppi di uno dei molti progetti dell'Ashram, Amma era comunque decisa ad assicurarsi che tutto fosse fatto nel modo giusto.

Amma dice: "Nulla è insignificante. Un aereo può precipitare anche se mancano solo poche piccole viti a un pezzo di vitale importanza. Ogni cosa ha il suo posto nella creazione di Dio. Nulla può essere trascurato".

Infatti, Amma ha sempre dimostrato molto interesse per i piccoli dettagli che possono facilmente essere tralasciati. Molti anni fa, dopo la costruzione del tempio principale dell'Ashram, ci dissero che Amma era salita sul tetto. Quando la raggiungemmo, la trovammo accovacciata intenta a cercare qualcosa, come fosse oro. Avvicinandoci, vedemmo che stava raccogliendo tutti i chiodi ricurvi e i pezzetti di ferro rimasti dai tempi della costruzione dell'edificio. Non riuscivamo ad immaginare perché Amma desse tanta importanza a quei rottami. E senza che glielo chiedessimo, ella ci spiegò che quando l'Ashram fosse stato pieno, la gente avrebbe dormito anche sul tetto e si sarebbe potuta ferire i piedi su quei pezzetti di metallo; inoltre, se a farsi male fosse stato un diabetico, avrebbe rischiato una grave infezione che magari non avrebbe nemmeno potuto permettersi di curare. Inoltre, aggiunse, i resti metallici non erano rifiuti, ma potevano essere venduti e il ricavato usato per nutrire i poveri.

Anche oggi, Amma ha la stessa attenzione per i dettagli. Durante il suo tour del nord India del 2007, dopo il programma di Bangalore, affrontammo il lungo viaggio per arrivare a Hyderabad in tempo per preparare il programma del mattino successivo. Sebbene Amma non avesse né mangiato né dormito, quella notte uscì dalla sua camera per esaminare il luogo. Era quasi mezzanotte, perciò c'erano relativamente poche persone sveglie e lei poté muoversi liberamente. Il palco era stato allestito nel cortile della scuola, ricavato dalla fiancata di una collina, e ciò che era sfuggito all'attenzione degli organizzatori fu immediatamente chiaro ad Amma: non c'era spazio sufficiente per accogliere tutti quelli che sarebbero venuti per il programma. Amma continuò quindi a camminare lungo il perimetro al disopra del cortile. In ogni luogo sistemava una sedia e vi si sedeva, scrutando per verificare se riusciva a vedere bene il palco e, se questo non era possibile, indicava come liberare la visuale. Era molto preoccupata che tutti potessero vedere il palco. Osservandola, mi chiedevo quante persone che programmassero di comparire di fronte a una così grande folla, avrebbero dato altrettanta importanza a ciascun partecipante.

Ho raccontato solo pochi esempi della micro e macro gestione di Amma, ma ogni giorno ve ne sono molti altri. Padrona della sua mente, Amma è in grado di gestire perfettamente ogni situazione.

Amma desidera insegnarci a gestire altrettanto bene la nostra mente, non perché questo porterà dei vantaggi a lei, ma perché sa che è la sola cosa che ci condurrà a una pace e una felicità durevoli. Ed è disposta a trascorrere tutti i suoi giorni e le notti aiutandoci a farlo. Ha dedicato la sua vita al servizio: dal contare i computer, all'abbracciare migliaia di persone ogni giorno, dal controllare gli ingredienti dei dolci, all'aiutarci a coltivare la devozione verso Dio con i bhajan che canta quotidianamente, dal raccogliere frammenti di ferro, all'istruire con i suoi satsang le persone sulla loro vera natura. La mente di Amma è completamente priva di desideri egoistici; è stata dominata una volta per tutte.

Ho sentito parlare di ritiri di due giorni tenuti da un personaggio celebre, nei quali lui trascorre soltanto 45 minuti al giorno con i partecipanti. Una volta gli chiesero: "Spendiamo tutto questo tempo e denaro proprio per stare con lei. Perché non trascorre più tempo a parlare con noi?". Egli rispose: "La mente umana può assorbire solo una certa quantità di saggezza alla volta. Se passassi più tempo con voi, essa andrebbe sprecata".

Al contrario, in un tipico ritiro di due giorni e mezzo con Amma, ella passa più di 40 ore con i suoi figli. Amma non pensa mai di sprecare il suo tempo trascorrendolo con noi. Ci dice che è quasi impossibile cercare di far crescere mele in Kerala e, anche se ci riuscissimo, la qualità delle mele sarebbe molto scadente. Le mele coltivate in Kashmir, invece, sono di alta qualità e ottimo sapore. L'atmosfera contribuisce alla buona riuscita di ogni impresa. Analogamente, la presenza di un vero maestro creerà l'atmosfera più adatta per insegnarci a governare la nostra mente.

Capitolo 9

La ricetta segreta di Amma

*"La bellezza e il fascino del lavoro disinteressato non
dovrebbero mai svanire dalla faccia della terra. Il mondo
deve sapere che è possibile una vita dedicata agli altri, una
vita ispirata dall'amore e dal servizio".*

– Amma

La rete di opere umanitarie di Amma è in continua crescita,
eppure lei non smette mai di sorprenderci. Quando nel
2002 fu ultimata la costruzione di 25.000 case, pensammo che Amma fosse soddisfatta di questa realizzazione, invece
lei annunciò subito un nuovo traguardo: l'edificazione di altre
100.000 case in tutta la nazione. Dopo lo tsunami del 2004,
Amma ci sbalordì con quello che è diventato un programma di
soccorso e ricostruzione da 46 milioni di dollari. Quando l'uragano Katrina si abbatté sugli Stati Uniti, Amma impressionò i
suoi devoti americani con la donazione di un milione di dollari
al Fondo Bush-Clinton per la ricostruzione.

Uno degli aspetti più straordinari di Amma è la sua incrollabile determinazione nel realizzare queste iniziative di enorme
portata, e la spontaneità con la quale agisce è la prova di tale
determinazione. Durante la sua visita a Bombay nel marzo 2007,
Amma fu invitata a un incontro al vertice con il Primo Ministro
del Maharashtra per discutere il problema della diffusione del
suicidio tra gli agricoltori ridotti in miseria. Dopo la riunione,
Amma sorprese tutti ancora una volta affermando all'improvviso

di voler avviare un'iniziativa per porre rimedio alla situazione. I primi due passi dell'imponente programma di aiuto avrebbero compreso il finanziamento dell'istruzione per 30.000 figli di questi agricoltori poveri e l'addestramento professionale, insieme a un capitale iniziale, a 5.000 gruppi di donne appartenenti a famiglie contadine, per lo sviluppo di attività a domicilio. Entrambe le iniziative avevano lo scopo di ridurre il fardello economico che grava su queste famiglie e di aiutarle a raggiungere l'indipendenza finanziaria.

Fu chiaro che si trattava di un altro progetto multimilionario e tutti coloro che si trovavano accanto ad Amma rimasero storditi. "Che cosa sta dicendo Amma? Dove troverà tutto questo denaro?". Di solito, quando prevediamo di spendere una grande somma di denaro attraversiamo un periodo di tremenda incertezza. Ma sul volto di Amma non c'era la più piccola ombra di esitazione o rammarico.

Ad Amritapuri, recentemente, Amma ha ricevuto la visita di Olara Otunnu, ex Presidente del Consiglio di Sicurezza dell'ONU e Sottosegretario Generale delle Nazioni Unite. Quando gli è stata chiesta la sua opinione sul lavoro umanitario di Amma, egli ha risposto: "Penso che l'ONU e le altre ONG abbiano qualcosa da imparare da Amma e da quello che è stata in grado di costruire".

Amma spiega che quando il governo stanzia del denaro per progetti di ricostruzione, una gran parte è utilizzata per gli stipendi. Amma non trova nulla di sbagliato in questo; naturalmente il governo deve pagare il salario ai suoi impiegati e l'apparato governativo deve essere mantenuto, ma il risultato finale equivale a versare dell'olio da un bicchiere all'altro in una lunga fila di bicchieri. "Alla fine non rimarrà più olio", dice Amma. "Sarà rimasto tutto attaccato alle pareti dei tanti bicchieri. In questo modo, 1.000 rupie diventano 100 rupie prima di raggiungere i destinatari. All'Ashram, invece, se disponiamo di 10 rupie, vi aggiungiamo il nostro lavoro e come risultato, il denaro si moltiplica".

Durante la sua visita ad Amritapuri, il signor Otunnu ha osservato: "Uno dei problemi nelle opere di soccorso internazionale è quanta parte delle risorse per aiutare i bisognosi va invece a chi sta fornendo loro l'aiuto, cioè al personale. I costi di gestione tendono a essere piuttosto alti rispetto a ciò che va veramente a beneficio delle persone in difficoltà. Osservando l'organizzazione di Amma, sono rimasto sorpreso da quanto di quello che viene prodotto, quanto del denaro messo in circolazione, vada effettivamente a beneficiare direttamente i bisognosi. È incredibile. È straordinario per me vedere come sia riuscita a trovare la formula giusta".

Perché una ricetta funzioni è necessario avere i giusti ingredienti. Con la ricetta di Amma a base di rinuncia, instancabile dedizione e amore altruistico, tutto è possibile.

La prima visita di Amma in Sud America nel luglio 2007 illustra chiaramente questa verità. Il suo primo programma si è tenuto a Santiago del Cile, una metropoli situata sulle Ande. Se c'era qualche perplessità su come la gente di Santiago avrebbe reagito alla venuta di Amma, la risposta giunse durante la prima sessione di darshan. Allo spuntar del sole sulle Ande, una folla enorme cominciò a scendere verso il luogo del programma. La grande sala era già gremita ben prima dell'arrivo di Amma. Quando ella entrò fu accolta da un fragoroso applauso, e la stessa cosa accadde nei tre giorni seguenti, ogni qualvolta ella arrivava, se ne andava, o terminava un bhajan. Fu chiaro che la gente di Santiago vedeva in Amma ciò che tutti hanno visto in lei negli ultimi 20 anni in tutto il mondo – l'amore di Dio in un corpo umano.

Durante i programmi del mattino, Amma era circondata dalle maggiori agenzie di stampa del Paese. La sua visita in Cile fu considerata veramente un evento di primaria importanza. Nel corso dei tre giorni, la folla era così numerosa che ciascun programma terminava a ridosso del successivo senza quasi interruzione.

Prima di lasciare il Cile, Amma incontrò diversi devoti locali che avevano aiutato a organizzare il programma. Tutti ritenevano davvero straordinario che i programmi si fossero svolti senza difficoltà, sebbene nessuna delle persone coinvolte ne avesse mai organizzato uno in precedenza, e la maggioranza dei volontari non avesse neppure mai incontrato Amma prima. In realtà, molti volontari avevano preso un congedo dal lavoro di una settimana o più per dedicarsi a tempo pieno al successo del programma. Guardando amorevolmente negli occhi i suoi figli di Santiago, Amma chiese: "Come avete fatto?".

Immediatamente uno di loro rispose: "È stato il nostro amore per te a darci forza e ispirazione".

A queste parole, Amma annuì e sorrise, dicendo: "Dove c'è amore, tutto è possibile".

Amma non si limita a mettere in pratica questa formula di successo nella sua vita ma, con una guida attenta e un esempio impeccabile, è stata in grado di infondere gli stessi valori nei suoi discepoli e devoti di tutto il mondo.

Nei primi tempi, chiunque venisse all'Ashram riceveva cibo gratuito. I residenti dell'Ashram mangiavano per ultimi e Amma dopo tutti. Molte volte, dopo che gli ospiti erano stati serviti, non rimaneva più cibo e i residenti restavano senza. A quei tempi, alcuni di noi uscivano a comprare dei generi alimentari per l'Ashram, ma spesso non c'era abbastanza denaro per il necessario. In una tale occasione, un brahmachari era molto preoccupato perché saremmo rimasti senza cibo per tutta la settimana entrante. Quando chiedemmo ad Amma cosa fare, ella rispose: "Non angustiatevi. Ogni qualvolta c'è un problema, Dio provvede. Il denaro viene e va, non è un vostro problema. Andate a meditare".

Il brahmachari cercò di seguire le indicazioni di Amma, ma naturalmente non riuscì a meditare molto bene, angosciato com'era, non solo per il successivo pasto dei devoti, ma soprattutto per il proprio. Tuttavia, esattamente il giorno dopo, qualcuno fece una donazione di mille rupie e a quel tempo, per noi, quella cifra equivaleva a un milione di dollari. Con quel denaro uscimmo e acquistammo le provviste per tutta la settimana.

Ora che l'Ashram si trova in una situazione economica migliore, quando guardiamo al passato capiamo che anche se per molte ragioni quei giorni sono stati molto difficili, si sono dimostrati tuttavia preziosi sia per ciascuno di noi sia per l'Ashram, perché Amma ci stava insegnando il valore di spendere saggiamente senza sprecare le risorse. Sono proprio questi principi che hanno permesso ad Amma e al suo Ashram di realizzare così tanto con così poco.

Come sempre, Amma è il perfetto esempio del suo insegnamento. Perfino oggi, dopo avere avviato e portato avanti progetti umanitari di tanta importanza, Amma è molto attenta a non spendere inutilmente neppure una piccola somma di denaro. Per esempio, all'Ashram ci sono oltre 3.000 residenti e ognuno di essi alleggerisce il peso del proprio cuore scrivendole delle lettere ad Amma. Laddove la naturale tendenza sarebbe di usare la miglior carta possibile per scrivere ad Amma, lei chiede che per quelle lettere e anche per i rendiconti amministrativi dell'Ashram, siano impiegati fogli già utilizzati, cioè già stampati sul retro. Anche se può creare qualche distrazione leggere i bilanci su fogli simili, Amma ha spiegato che in questo modo risparmiamo il denaro che potrà così essere utilizzato per offrire medicine, cibo, vestiario o riparo a qualche persona bisognosa, e contemporaneamente limitiamo la deforestazione.

Amma ripete sempre che è la grazia a consentirci di raccogliere il frutto dei nostri sforzi. È vero che gli ashramiti lavorano tutti con impegno ed evitano di sprecare il denaro ma, in ultima analisi, è la grazia di Dio che fornisce le risorse necessarie per portare avanti i progetti umanitari dell'Ashram. Riguardo a questo Amma non ha mai avuto alcun dubbio. Ancora oggi, quando Amma parla dei nuovi progetti che intende avviare, invariabilmente sorge la domanda: "Amma, da dove arriverà il denaro?". Amma risponde come ai vecchi tempi, quando le chiedevamo la stessa cosa riguardo al denaro per le provviste dell'Ashram. "Il denaro viene e va. Dio ci darà tutto quello che serve".

Capitolo 10

Sfuggire alla rete di Maya

*"Prima di impegnarci completamente in qualcosa,
esaminiamo quanto sono felici coloro che già la
possiedono".*

– Francois de La Rochefoucauld

*"Ciò che rende tanto desiderabile l'umiltà è la cosa
meravigliosa che produce in noi: la capacità della più
stretta intimità con Dio".*

– Monica Baldwin

In Tamil Nadu ci sono quattro santi conosciuti come i quattro maestri dello *Shaivismo*[1]. Uno di loro fu Sundarar, nato nel villaggio di Tirunavalur. Alla nascita gli diedero il nome di Nambiarurar, ma poiché era un bambino veramente bello veniva chiamato anche Sundarar (il Bello). Un giorno, il re passò in carrozza mentre Sundarar stava giocando sul ciglio della strada. Non appena posò lo sguardo sul bambino, il sovrano fu così attratto dalla sua straordinaria bellezza che scese dalla carrozza e cominciò a giocare con lui. Scoprì presto che si trattava del figlio di un suo buon amico e così si recò a casa di costui e gli chiese di dargli il bambino. L'amico del re non ebbe altra scelta che accontentarlo.

Così, il sovrano crebbe Sundarar come figlio suo, assicurandosi che ogni sua necessità fosse soddisfatta e che fosse ben istruito

---

[1] Lo Shaivismo comprende le tradizioni dell'Induismo che si dedicano all'adorazione del Signore Shiva.

sulle Scritture e sui valori umani eterni. Quando il ragazzo raggiunse l'età opportuna, si fecero i preparativi per sposarlo a una giovane alla sua altezza. Il matrimonio stava per essere celebrato, quando un vecchio brahmino avvicinò Sundarar e gli comunicò: "C'è una causa legale pendente tra noi: potrai sposarti soltanto dopo aver chiuso questo caso".

Completamente confuso, Sundarar gli chiese: "Che cosa vuoi dire? Quale causa legale?".

Rivolgendosi agli ospiti presenti, il vecchio esclamò: "Ascoltate tutti: questo giovane è mio schiavo!".

Tutti i presenti rimasero stupefatti, ma Sundarar non fu impressionato dalle affermazioni del Brahmino. "Sono il figlio adottivo del re, come posso essere tuo schiavo?", si beffò Sundarar.

Il vecchio però era irremovibile. "Molto tempo fa", spiegò, "tuo nonno era mio schiavo e firmò un contratto nel quale mi assicurava che tutti i suoi discendenti sarebbero stati anch'essi miei schiavi. Perciò non dovresti schernirmi".

"Tu sei un vecchio pazzo!", protestò Sundarar, cominciando a ridere allegramente.

"Tu scherzi, ma io ho le prove delle mie rivendicazioni", continuò il vecchio. Sollevando una foglia di palma su cui era impresso uno scritto, disse: "Ecco il contratto firmato da tuo nonno".

Senza una parola, Sundarar afferrò la foglia e la stracciò in mille pezzi.

Il vecchio gridò furioso: "Come puoi ignorare un contratto firmato?". Poi, rivolgendosi alla folla, aggiunse: "L'accordo deve essere onorato!".

I presenti cercarono di calmarlo, affermando: "La tua richiesta è strana, non si è mai sentito di un brahmino diventato schiavo di un altro brahmino".

"Eppure", insisté il vecchio, "Sundarar è mio schiavo e io il suo padrone. Vengo da Thiruvennai Nallur e lui deve ritornarvi con me e vivere al mio servizio".

Poiché costui insisteva, il re accettò che alcuni membri del gabinetto accompagnassero il vecchio al suo villaggio e consultassero il consiglio locale degli anziani per vedere se la sua richiesta potesse essere provata.

Fu così che Sundarar, gli incaricati del re e il vecchio brahmino si recarono in corteo al villaggio di costui. Quando arrivarono, il vecchio li condusse al consiglio degli anziani, i quali però dichiararono di non averlo mai visto prima. Tuttavia, poiché l'uomo pretendeva di provenire da quel villaggio, accettarono di ascoltare il caso. Dopo che ebbe esposto le sue richieste e riferito i fatti avvenuti quel giorno, uno degli anziani del consiglio commentò: "Ora che Sundarar ha stracciato la foglia di palma non hai più prove".

Il vecchio disse: "Quella era soltanto una copia, ho con me il contratto originale firmato da suo nonno". E così dicendo, esibì un'altra foglia di palma e la sollevò in aria.

Dopo averla esaminata attentamente e confrontata con i documenti del villaggio, il consiglio dichiarò valido il contratto e disse a Sundarar: "Per quanto strano possa essere, tu sei veramente suo schiavo. Non hai altra scelta che servirlo".

Poi, rivolto al vecchio, il più anziano del consiglio disse: "Affermi di appartenere a questo villaggio, e anche il contratto ti identifica come tale, ma nessuno di noi ti ha mai visto prima. Dov'è la tua casa? Per favore mostraci il luogo in cui vivi".

Il vecchio brahmino rispose: "Venite con me, vi mostrerò la mia casa".

Tutti lo seguirono con grande interesse. Il brahmino li condusse nel centro della città, dove si trovava il tempio locale di

Shiva. Senza esitazione, il vecchio salì dritto i gradini del tempio e non appena posò i piedi nel sancta sanctorum, svanì nell'aria. Sbalordito, Sundarar cadde in ginocchio. Sopraffatto dalla devozione per il Signore, i suoi occhi si riempirono di lacrime. Improvvisamente il Signore Shiva apparve davanti a lui con la Dea Parvati al suo fianco. Shiva spiegò: "Sono venuto a salvarti dagli artigli di *maya* (illusione)[11]". Prima di scomparire di nuovo, Shiva aggiunse: "Una canzone colma d'amore è per me la migliore *archana* (adorazione)". In seguito, Sundarar compose per il Signore Shiva molti bei canti che vengono eseguiti ancora oggi. Per il resto dei suoi giorni, Sundarar continuò a considerarsi servo del Signore.

Ricordiamoci che Sundarar ebbe l'opportunità di trascorrere solo pochi momenti in presenza di un'incarnazione divina, mentre Amma è venuta a noi per un'intera vita. Sta a noi fare il miglior uso di questa condizione favorevole.

C'è un detto molto bello circa i due metodi usati dai discepoli di Sri Ramakrishna Paramahamsa per sfuggire alla rete di maya, l'illusione della realtà oggettiva. Si dice che mentre Nagamahasaya, uno dei discepoli laici di Sri Ramakrishna Paramahamsa, divenne tanto piccolo da poter passare tra i buchi della rete di maya, il discepolo monastico Swami Vivekananda diventò tanto grande che la rete non poté più avvolgerlo.

Analogamente, Amma ci insegna che dovremmo cercare di diventare niente, o diventare tutto. Vale a dire, diventare così umili che il nostro ego scompare e noi ci fondiamo nell'assoluto, o espandere la nostra mente fino a perdere il senso di noi stessi come individui limitati e identificarci solo con la totalità. Ma al momento, la maggior parte di noi non intende seguire nessuna

---

[11] Secondo l'Advaita Vedanta, è maya che spinge il jivatma a identificarsi erroneamente col corpo, la mente e l'intelletto anziché con la sua vera identità, il Paramatma.

di queste direzioni: non vogliamo diventare tutto e non vogliamo diventare nulla. Vogliamo diventare qualcosa, invece.

Amma ci dice che siamo l'"essenza di Om"; le Scritture affermano che siamo Brahman; altri ricercatori spirituali dicono che siamo uno con Dio. Sono tre modi differenti per affermare la stessa cosa, che la nostra vera natura è illimitata, eterna e beata. Ma qual è la nostra esperienza, alla fine? Non certo di essere Quello, ma individui limitati, pieni di insignificanti paure, rabbia, dubbi e dolore.

Poiché non ci identifichiamo con la Coscienza suprema, sarebbe logico dedurre che ci dovremmo comportare con umiltà. Ma non siamo nemmeno veramente pronti a fare questo. "Vedi", diciamo a noi stessi, "io non sono un nessuno qualunque, sono *qualcuno*! Nessuno mi regge il confronto". Questi sono i pensieri che ci attraversano la mente.

In effetti, anziché sforzarci di trascendere l'ego e realizzare la nostra unità col Supremo, ci preoccupiamo piuttosto di rinforzare l'ego e la nostra individualità necessariamente limitata. Le Scritture definiscono l'ignoranza fondamentalmente come la nozione dell'"io" nel senso di individuo limitato. Da questo malinteso derivano tutti gli altri. Da questa nozione hanno origine tutti i bisogni, i desideri, ogni senso di minaccia o paura. Avendo un senso di sé separato, esso deve essere protetto, amato, lodato e preservato.

Se osserviamo attentamente il modo nel quale impieghiamo la nostra energia, quello che diciamo e facciamo nel corso della giornata, scopriamo che quasi ogni azione e parola è finalizzata ad assicurarci l'approvazione e le lodi degli altri, a ritagliarci una nicchia personale. Perfino gli abiti che indossiamo, il taglio di capelli, il modo in cui firmiamo, hanno quasi sempre il solo scopo di attirare l'attenzione e il consenso degli altri. Se non ne siete convinti, provate a fare una buona azione senza farlo sapere in giro, e vedrete quanto sarà difficile non parlarne a nessuno. In definitiva, soltanto un maestro autentico può rimuovere il nostro desiderio profondamente radicato di riconoscimento.

In una notte oscura, due uomini stavano tornando a casa dopo una festa e decisero di prendere una scorciatoia attraverso il cimitero. A metà del cammino, furono spaventati da una serie di colpi provenienti dalla fitta oscurità. Tremanti di paura, seguirono il rumore e scoprirono un vecchio che, con martello e scalpello, stava scheggiando l'iscrizione di una lapide che diceva: QUI GIACE JACK BROWN.

"Perbacco, signore!", esclamò uno dei due uomini dopo aver ripreso fiato. "Ci ha spaventato a morte. Pensavamo che fosse un fantasma! Che cosa sta facendo a quest'ora della notte?".

"Quegli idioti!", grugnì come risposta il vecchio senza alzare lo sguardo dal suo lavoro. "Hanno dimenticato di scrivere 'Dottore' sulla mia lapide!".

In definitiva, il desiderio di approvazione si manifesta come ambizione ad essere famosi. Al giorno d'oggi, vediamo che tutti, specialmente i giovani, vorrebbero più di ogni altra cosa essere celebri. In quasi tutti i campi dell'arte o dell'azione ci sono concorsi televisivi che hanno lo scopo di catapultare il vincitore nella notorietà. Generalmente si ritiene che diventare una celebrità sia un obiettivo rispettabile, forse il più importante di tutti. Ma per determinare il valore di una particolare cosa, la prima mossa logica è osservare chi l'ha già ottenuta, e valutare in che misura ne abbia tratto beneficio. Applicando questo principio alla celebrità, dobbiamo considerare le vite delle persone famose. La fama le ha forse rese più felici, più tranquille, più appagate?

Al contrario, vi sono innumerevoli casi di persone famose le cui vite si sfasciano al culmine della notorietà. Certamente, tutte queste celebrità inquiete erano convinte che la fama avrebbe portato loro soltanto felicità e soddisfazione ma, chiaramente, la fama esteriore non apporta alcun cambiamento significativo alla situazione esterna di una persona. Chi è insicuro, depresso o collerico da sconosciuto, continuerà ad esserlo anche da famoso.

Arjuna fu uno dei più valorosi guerrieri del suo tempo, ma nonostante ciò, quando si trovò di fronte alla prospettiva di scendere in battaglia contro i suoi parenti e perfino contro il suo guru, che affiancava i Kaurava, si sentì scoraggiato e impotente. Di fronte a una vera crisi, tutta la sua fama e fortuna si dimostrarono inutili. Fu solo la guida di Sri Krishna a sollevarlo dal pantano dell'indecisione e della disperazione.

Recentemente, un'importante rivista ha intervistato Amma. Una delle domande è stata: "In tutto il mondo molte celebrità sono venute da Amma per averne la benedizione e i consigli. Per la gente comune, queste persone sembrano avere già una gran vita, molto denaro e successo. Che cosa pensa Amma della loro felicità?".

Amma ha risposto: "Esse sono venute da Amma dopo una profonda introspezione, dopo aver capito che la vita mondana ha i suoi limiti e che nella vita c'è molto più di quello che l'intelletto umano può percepire. Con l'esperienza, hanno iniziato a comprendere i limiti della vita materiale; vengono da Amma per scoprire come raggiungere la pace della mente".

Durante un programma negli Stati Uniti, un discepolo americano di Amma si è imbattuto in un vecchio conoscente, suo migliore amico durante il periodo scolastico. Dopo gli studi universitari, uno di loro si era recato in un piccolo villaggio di pescatori nel sud-ovest dell'India per unirsi come brahmachari all'Ashram di Amma, mentre l'altro aveva costituito quella che in seguito sarebbe diventata una rock band famosa in tutto il mondo. Sebbene entrambi avessero finito per girare il mondo, certamente lo facevano in contesti diversi.

Dopo essersi riconosciuti cominciarono a parlare; il brahma-chari confidò alcune sue esperienze di vita con Amma e la rockstar parlò delle cose fatte e viste nel corso degli anni. Disse di essersi esibito di fronte a migliaia di fans elettrizzati e che ormai aveva tanto denaro in banca da poter vivere lussuosamente per il resto della vita. Tuttavia, mentre raccontava le sue avventure, l'entusiasmo via via si affievoliva, ed era chiaro che non aveva trovato nella vita di successo e di grande fortuna quello che aveva supposto esservi.

La rockstar spiegò che a quel punto della sua vita stava cercando qualcosa di più profondo e ricco di significato. Il brahmachari lo accompagnò al darshan ed egli fu ovviamente toccato dall'esperienza. Nell'arco di pochi mesi, venne in India all'Ashram di Amma e fu orgoglioso di confessare di aver abbandonato droghe e alcool. Portò ad Amma anche il suo ultimo album per una benedizione.

In un certo senso, le persone famose sono in una posizione privilegiata per volgersi alla spiritualità. Molti di noi pensano che saranno felici solo dopo aver raggiunto certi obiettivi materiali, mentre queste celebrità hanno già raggiunto 'il massimo', per così dire, ma scoprono che manca ancora qualcosa. In verità, la felicità non proviene dall'acquisizione delle cose del mondo esterno, ma è un processo di liberazione da qualcosa che abbiamo già, e non ci serve. Questo qualcosa è l'ego, il senso di 'io' e 'mio'.

Una volta, un uomo pregò Dio con queste parole: "Signore, io voglio la felicità". E dall'interno giunse la risposta: "Figlio mio, quando avrai rimosso 'io' e 'voglio', sarai automaticamente felice".

Un'altra scorciatoia per la felicità è compiere le nostre azioni con amore. È vero che tutti abbiamo molte responsabilità e siamo costretti a svolgere molte azioni, ma non siamo obbligati a detestarle. Ricordandoci che per ogni azione che non ci piace, ci sono persone che invece l'apprezzano, possiamo arrivare ad amare qualunque karma, o azione. Quando impariamo ad amare un'azione, quello stesso karma ci darà *ananda*, beatitudine. Non abbiamo bisogno di aspettare i risultati dell'azione, il *karma phalam*, per sperimentare la felicità.

Il beneficio più grande proveniente dal trovare la felicità nell'azione stessa, piuttosto che nell'aspettarne il risultato, sta nel fatto che è istantanea. Inoltre, non è ostacolata dal *prarabdha karma* (i risultati delle nostre azioni passate destinati a dare frutto nella presente vita). Il prarabdha karma può influenzare i risultati delle nostre azioni e impedirci di realizzare ciò che abbiamo in mente, ma non può impedirci di gioire delle azioni che compiamo.

Recentemente, un giornalista ha chiesto ad Amma: "La intristisce non avere più tempo per se stessa e non poter più, ad esempio, andare a meditare sulla spiaggia di notte?".

Amma ha risposto: "È sempre stato mio desiderio amare gli altri, servirli e asciugare le loro lacrime. Non ha senso pensare a qualcosa che non posso fare ed esserne triste, perché sto facendo esattamente quello che voglio fare. Era così in passato ed è così anche adesso".

Lo stesso giornalista ha proseguito con un'altra domanda: "All'inizio tutto questo non c'era. Tutto è cominciato con una piccola capanna e una manciata di persone vicino a lei. Ora qui ci sono molti edifici, progetti e istituzioni, la sua presenza è richiesta a conferenze internazionali in tutto il mondo e, ovunque vada, lei è al centro dell'attenzione di grandi folle. Che cosa pensa di questi cambiamenti radicali?".

La risposta di Amma svela il vero segreto della sua equanimità mentale: "La situazione esterna può essere cambiata, ma io sono sempre la stessa. Quello che ero allora, lo sono anche adesso".

Amma non vuole diventare *qualcosa*. L'essenza della sua grandezza, in realtà, sta nel fatto che lei sa di essere tutto, ma si comporta come se fosse nulla. Spiegando come ogni cosa appaia dalla sua prospettiva trascendente, Amma ha detto: "L'intero universo esiste come una piccola bolla nella vastità della mia Coscienza". Tale è l'ampiezza della sua visione e della sua esperienza.

Se vogliamo davvero diventare umili come Amma, dobbiamo soltanto cercare di percepire l'universo come è veramente: basta questo per farci capire la nostra relativa piccolezza.

È utile prenderci un momento per considerare i fatti di base dell'astronomia. Per prima cosa, cercate di visualizzare la distanza di un anno luce: poco meno di diecimila miliardi di chilometri, ovvero la distanza percorsa facendo il giro della Terra 240 milioni di volte. Ora, il diametro della nostra galassia, la Via Lattea, corrisponde a circa 100.000 di questi anni luce. E se ciò non bastasse a farci sentire totalmente irrilevanti, ricordiamoci che le ultime stime affermano che nell'universo ci sono circa 125 miliardi di galassie come la nostra. Nel frattempo, noi ci affanniamo cercando di convincere gli altri della nostra grandezza, o litigando per stabilire se la nostra proprietà si estenda 10 centimetri più a destra o a sinistra.

Un brahmachari mi ha raccontato una storia su come Amma gli abbia dato una lezione di umiltà. Poco dopo aver ricevuto l'iniziazione a brahmacharya, mentre camminava per l'Ashram indossando i suoi nuovi abiti gialli, i devoti avevano cominciato a inchinarsi a lui e a toccargli i piedi in segno di rispetto. Questo comportamento continuò per alcuni giorni, ma presto il brahmachari dovette partire dall'Ashram per sovrintendere a uno dei progetti di Amma. Quando il nuovo brahmachari lasciò l'Ashram, aveva la borsa piena dei nuovi abiti, e la mente altrettanto colma di aspettative subconsce di ricevere un trattamento regale durante il viaggio.

Con sua sorpresa, nessuno gli prestò particolare attenzione o cortesia, e in alcuni luoghi sembrava addirittura che su di lui circolassero dei commenti sarcastici. Ritornò all'Ashram alcuni giorni dopo, turbato e agitato da questa esperienza. Una notte, poco dopo il suo rientro, ebbe l'occasione di andare nella stanza di Amma, che stava attendendo il sindaco di un villaggio della zona, che aveva chiesto di incontrarla in privato. Sebbene si trattasse solo di un'autorità locale, quando entrò nella stanza, Amma si alzò umilmente e gli offrì una sedia. L'uomo fu tanto colpito dall'umiltà di Amma che fu lui a inchinarsi e a sedere rispettosamente ai suoi piedi.

Anche il giovane brahmachari fu toccato dall'umiltà di Amma. Improvvisamente comprese quanto folle fosse stato nell'aspettarsi un trattamento particolare. Chi era mai lui per aspettarsi qualcosa di speciale dal mondo, quando il suo maestro spirituale, amato come Madre Divina da milioni di persone nel mondo, non si aspettava nulla da nessuno? Fu un semplice gesto da parte di Amma, ma servì a liberarlo dalla schiavitù delle sue aspettative.

Se ci identifichiamo col corpo, la mente e l'intelletto, l'opinione degli altri sarà molto importante per noi. Ma Amma dice che, in verità, noi non siamo come candele che dipendono dagli altri per essere accese, ma siamo il sole che splende di luce propria. Finché dipendiamo dagli altri, siamo alla loro mercé. Per risolvere questo problema, Amma ci raccomanda di cercare la presenza di Dio all'interno e di imparare a dipendere da questa, che è realmente il nostro vero Sé.

In questo modo, anziché cercare di attirare su di noi l'attenzione degli altri, inizieremo a prestare attenzione agli altri. Anziché essere consci di noi stessi, diventeremo consci del Sé presente in tutti gli esseri viventi.

Capitolo 11

Una nuova teoria dell'evoluzione

"Un individuo non comincia a vivere fino a che non si eleva dai ristretti confini dei suoi interessi personali ai più ampi interessi di tutta l'umanità".

– Martin Luther King

Conosciamo bene la teoria dell'evoluzione di Darwin, la quale afferma che tutti gli esseri viventi si sono evoluti nelle attuali forme fisiche e nei relativi comportamenti nel corso di milioni di anni di selezione naturale e adattamento. Per quanto riguarda l'evoluzione fisica, però, non c'è una meta finale, un completamento o perfezione. La vera perfezione può essere ottenuta solo all'interno.

Inoltre, sembra che questo processo evolutivo abbia cominciato a capovolgersi. Amma dice che ci sono tre tipi di persone: *prakriti* (naturali), *vikriti* (perverse) e *samskriti* (pure). Se una persona prakriti riceve del cibo, mangerà qualsiasi cosa le venga dato. Una persona vikriti, invece, non mangerà solo la sua parte, ma per quanto le è possibile si approprierà anche del cibo altrui. Una persona samskriti condividerà il proprio pasto con gli altri prima di prendere qualcosa per sé. Amma afferma che gli esseri umani dovrebbero evolvere da praktiti a samskriti, ma sfortunatamente nella nostra epoca la maggior parte delle persone si sta in realtà trasformando da prakriti a vikriti. Si dice che la scimmia si sia evoluta nell'essere umano, ma nel vedere l'umanità diventare sempre più egoista e egocentrica, sembra che stia scendendo a ritroso la scala dell'evoluzione.

Una volta, un anziano agricoltore morì e per lui fu predisposto un grande funerale cui parteciparono tutti i suoi amici e parenti. Il prete parlò a lungo delle buone qualità del defunto, di quanto fosse stato uomo onesto, marito amorevole e padre esemplare. Alla fine, la vedova si chinò e sussurrò all'orecchio di uno dei suoi figli: "Su alzati, dai un'occhiata nella bara. Vedi un po' se dentro c'è veramente tuo padre!".

Nel mondo d'oggi, troviamo difficile credere perfino alla bontà delle persone che ci sono molto vicine. Eppure, Amma dice sempre di credere nella bontà innata dei suoi figli. Ella possiede perfino più fede di noi nella nostra capacità di evolvere come esseri umani.

Spesso giustifichiamo il nostro comportamento e gli impulsi di cui siamo preda, affermando: "È una cosa naturale", oppure "Siamo solo umani". Ma Amma ci insegna a elevare la nostra natura inferiore al livello dei nostri ideali e non viceversa. Amma ha detto che la sua vita dimostra che è possibile realizzare la Verità suprema nel mezzo delle responsabilità materiali e perfino nelle condizioni più sfavorevoli.

Quello che serve, perciò, è una teoria che spieghi l'evoluzione spirituale. Anziché focalizzarci su come sviluppare gli strumenti esterni, abbiamo bisogno di capire i principi che governano la nostra evoluzione interiore. È necessario capire il metodo col quale purificare gli strumenti interiori come la mente, l'intelletto e l'ego. Questo processo si verifica naturalmente quando ci impegniamo in modo regolare nelle pratiche spirituali e assorbiamo le verità spirituali. Attraverso questo processo arriviamo gradualmente a comprendere e a dimorare nella nostra vera natura divina.

Talvolta la gente si domanda: "Perché venerare Amma? Dopotutto, non è umana anche lei come tutti noi?". La risposta è: "Sì,

Amma è umana". È un essere umano nel vero senso della parola. In Amma sono interamente presenti tutte le nobili qualità che differenziano gli umani dalle bestie.

Possiamo imparare molto dalla grande quantità di film sui supereroi. Vediamo continuamente i cartelloni pubblicitari di questi film. Chiaramente, nel subconscio aspiriamo a qualcosa che trascenda il mondano, che superi i confini del regno umano. Vogliamo credere che in noi esista un potenziale superumano, e che siamo in grado di trascendere i nostri limiti attuali. Vedere i supereroi che volano, piegano l'acciaio e sconfiggono i malvagi ci dà una temporanea sensazione di esaltazione, ma quando torniamo coi piedi per terra ci ritroviamo di fronte alla realtà dei nostri limiti.

In verità, è lo stesso ardente desiderio subconscio che ci fa amare Amma così tanto. In fondo, Amma è una vera supereroina – piega cuori di acciaio, vola intorno al mondo e ci aiuta a sconfiggere le nostre super malvagie tendenze negative col suo sari bianco che ondeggia al vento come un mantello.

Con l'esempio della sua vita, Amma ci dimostra che è possibile trascendere i limiti umani con i quali ci identifichiamo, e diventare superuomini spirituali. Nel caso dei supereroi cinematografici possiamo trovare talvolta un secondo fine dietro le loro azioni. In altre parole, possono essere supereroi fisicamente, ma mentalmente non sono molto diversi dai comuni esseri umani.

Nel caso di Amma, invece, dietro le sue azioni non si nascondono secondi fini. La sua compassione è veramente incondizionata, non si aspetta neppure riconoscenza per quello che fa. Quando nel 2006 ritirò a New York il Premio Interconfessionale James Parks Morton, dichiarò umilmente: "In verità, è solo grazie all'altruismo e al sacrificio di milioni di devoti in tutto il mondo che ho potuto offrire qualche servizio alla società. In effetti, questo premio e questo riconoscimento vanno a loro, io sono solo uno strumento".

Una delle prove più grandi della genuinità della compassione e dell'amore di Amma è il fatto che queste qualità si sono manifestate spontaneamente non appena ha avuto l'età per agire da sola. A quel tempo nella sua zona non c'erano persone di saggezza spirituale né opportunità di satsang, e fino all'età di vent'anni ella non si è mai avventurata oltre 10 chilometri da casa sua. Nonostante ciò, Amma ha sempre agito in perfetto accordo col dharma. A un giornalista che le aveva chiesto che cosa l'avesse guidata, ella rispose semplicemente di aver sempre fatto quello che riteneva giusto. "Per me", dice Amma, "tutto proviene da dentro, sono in sintonia col vero Sé". Ad Amma non è mai interessato mostrare miracoli, ma il suo amore incondizionato è il più grande miracolo.

C'era una volta un'isola paradisiaca dove dimoravano tutte le qualità umane personificate. Un giorno il mare cominciò a ingrossarsi e fu chiaro che l'isola sarebbe stata sommersa. Una dopo l'altra, tutte le qualità abbandonarono l'isola, rimase solo Amore. Senza pensare a se stessa, volle assicurarsi che tutti gli altri si fossero messi in salvo. Solo quando tutti se ne furono andati e l'isola fu quasi completamente sommersa comprese che se voleva sopravvivere sarebbe dovuta scappare a sua volta. Proprio in quel momento passò Ricchezza a bordo di un grande battello. Amore chiese: "Ricchezza, posso salire sulla tua barca?".

Ricchezza scosse il capo: "Mi dispiace, ma la mia barca è piena di argento e oro, non c'è spazio per te".

Allora Amore decise di chiedere a Vanità, che stava passando su un magnifico vascello: "Vanità, per favore aiutami!".

"Non posso", rispose Vanità con aria di disgusto. "Sei tutta bagnata e sporcheresti la mia bella imbarcazione".

Allora Amore vide passare Tristezza. "Tristezza!", chiamò. "Per favore prendimi con te!".

Tristezza rispose: "Mi dispiace Amore, adesso ho proprio bisogno di stare da sola".

Nel vedere Felicità, il cuore di Amore batté di speranza: "Felicità, per favore dammi un passaggio!". Ma Felicità era così contenta di essere in salvo che non udì l'invocazione di Amore.

Alla fine, Amore si rassegnò al suo destino. Proprio quando stava per essere sommersa insieme all'isola, sentì una voce che diceva gentilmente: "Vieni, Amore, ti prenderò con me". Amore non riconobbe la voce, percepì solo che si trattava di una persona anziana. Il vecchio l'accolse nella sua barca e la condusse sulla terraferma. Amore era così sopraffatta dalla gratitudine che dimenticò di chiedere al vecchio come si chiamasse e lui, una volta messa in salvo Amore, se ne andò per la sua strada.

Mentre lo guardava allontanarsi, Amore vide passare di lì Conoscenza. "Chi mi ha aiutato?", chiese.

"Il Tempo", rispose Conoscenza.

"Perché il Tempo mi ha aiutato quando nessun altro lo ha fatto?".

Conoscenza sorrise ironicamente: "Solo il Tempo è capace di comprendere la grandezza dell'Amore".

Quando Amma fu intervistata dal programma *20/20* della ABC, a un certo punto il corrispondente, stupefatto da tutte le opere di Amma nel mondo, chiese incredulo: "È questo di cui il mondo ha bisogno? Amore? Un abbraccio? È così semplice?". Amma lo corresse: "L'amore non è ordinario. L'amore è ciò che sostiene la vita. È straordinario. Tutto si basa sull'amore. L'amore è la sorgente".

Capitolo 12

Vedere per credere: come l'amore di Amma trasforma le vite

"Un essere umano è parte del tutto che chiamiamo 'Universo', una parte limitata nel tempo e nello spazio. Egli fa esperienza di sé, dei propri pensieri e sentimenti come di qualcosa di separato dal resto, una specie di illusione ottica della coscienza. Per noi, questa illusione è una specie di prigione che ci confina all'interno dei desideri personali e dell'affetto per le poche persone che ci sono più vicine. Il nostro compito deve essere quello di liberarci da questa prigione, estendendo il perimetro della compassione fino ad abbracciare tutte le creature viventi e l'intera natura nella sua bellezza".

– Albert Einstein

Recentemente, ho letto l'intervista a un uomo che aveva deciso di donare abbracci gratuiti agli sconosciuti e che per questo si era collocato con un cartello a un angolo di strada. Poiché nessuno prendeva in considerazione la sua offerta, aveva cominciato ad andare incontro alle persone offrendo loro il suo abbraccio, ma la maggior parte si era voltata dall'altra parte ed era scappata velocemente. Molte donne si erano offese, pensando che stesse cercando di rimorchiarle e soltanto una o due persone su mille aveva accettato il suo abbraccio. Questo risultato è piuttosto prevedibile, no? Dopotutto, chi sarebbe così incauto da accettare l'abbraccio di uno sconosciuto?

Nel caso di Amma si svolge la stessa scena, ma con un risultato completamente diverso. Ricordo una volta in cui, in un aeroporto, viaggiando da un programma a un altro, Amma stava dando il darshan ad alcuni devoti che avevano organizzato il programma precedente e che l'avevano accompagnata all'aeroporto. Un uomo d'affari che non aveva nulla a che vedere col nostro gruppo osservava la scena con evidente disapprovazione. All'inizio, si limitò a lanciare di tanto in tanto delle occhiate da sopra il suo quotidiano, ma quando una vera e propria folla cominciò a formarsi intorno ad Amma e altri uomini d'affari, il personale dell'aeroporto e perfino alcuni poliziotti si unirono alla fila per avere il suo abbraccio, il giornale gli cadde sulle ginocchia. Alla fine, anche lui si unì alla coda per il darshan di Amma.

Più tardi, dopo che Amma e quasi tutti i devoti si furono imbarcati, mi voltai e scorsi l'uomo d'affari seduto nuovamente da solo. Non aveva ripreso a leggere il giornale: stava ricacciando indietro le lacrime, e fissava intensamente l'aereo su cui Amma era appena salita.

Qual è la differenza, allora? Perché l'uomo all'angolo della strada ebbe dei risultati tanto miseri mentre nessuno sa resistere quando Amma offre ciò che sembra la stessa cosa? La differenza sta nella qualità della cosa offerta. L'abbraccio di Amma, naturalmente, non è solo un abbraccio. Lei dice: "Quando Amma abbraccia qualcuno, non si tratta di mero contatto fisico. L'amore che Amma prova per tutta la creazione scorre verso ogni persona che viene da lei. Quella pura vibrazione d'amore purifica le persone e ciò le aiuta nel risveglio interiore e nella crescita spirituale".

Recentemente, durante una giornata di darshan molto affollato, una bambina, che incontrava Amma per la prima volta, arrivò con un foglio di carta in mano. La piccola voleva disperatamente mostrare ad Amma il suo disegno, ma Amma stava dando il darshan così velocemente che sembrava impossibile potesse trovare il tempo di lanciare un'occhiata al disegno della bambina. Proprio allora, nel bel mezzo di quel turbine di attività, con la coda dell'occhio, Amma intravide la piccola.

Non appena ebbe un momento libero, si girò verso di lei e disse: "Oh, mostrami il tuo disegno, per favore!". La bambina era in paradiso. Mostrò il suo capolavoro realizzato per Amma, la quale sembrò molto colpita. Intanto, noi che le eravamo vicini ci stavamo sforzando di stabilire quale fosse il soggetto di quel disegno. Era una composizione astratta, qualcosa come un elefante marino su delle racchette da neve.

Dopo aver elogiato l'impegno della bambina, Amma iniziò a insegnarle come disegnare. Prese un pezzo di carta e, appoggiandolo sulla schiena del devoto che si trovava tra le sue braccia in quel momento, disegnò un fiore e disse: "Guarda, ecco come devi disegnare un fiore. Ora fallo tu". La bambina si immerse nel compito e realizzò subito la propria interpretazione di un fiore. "Oh, *molto* bene!", commentò Amma con affetto. Poi, come disponesse di tutto il tempo del mondo, le insegnò a disegnare un altro fiore, poi un albero, poi un uccello, e molte altre cose – e tutto mentre dava il darshan, mostrando molto amore e tenerezza per quella piccola. Più tardi, venimmo a sapere che quella bambina soffriva di dislessia e che a scuola faticava molto a imparare. Ovviamente, Amma lo sapeva già. L'episodio ebbe un profondo impatto sulla bambina che, da quel momento, ha superato il suo deficit di apprendimento e riesce a studiare al passo con gli altri bambini. Grazie a quell'unico contatto con Amma, la bambina è stata in grado di vedere il mondo in una luce completamente nuova.

Un altro caso simile è la storia di un devoto di Seattle. Per recarsi al suo primo programma con Amma, prese un autobus. L'uomo soffriva di sclerosi multipla e camminava sempre sostenuto da un bastone. A quel tempo era anche disoccupato e viveva sulla strada, o in miseri alloggi, avendo come unico reddito una pensione di invalidità. Non gli mancavano soltanto i mezzi materiali, ma anche la fiducia; era tormentato da un senso di disperazione e completamente rassegnato alla sua situazione. In quella prima notte con Amma, rimase per il discorso e i canti devozionali e poi se ne andò felice dell'esperienza, anche senza ricevere il darshan.

Sulla via del ritorno, poiché avrebbe dovuto aspettare a lungo l'autobus e si sentiva pieno di energia, decise di camminare fino alla fermata successiva, ma dopo una breve sosta pensò: "Oh, c'è ancora parecchio da aspettare. Perché non andare fino alla prossima fermata?". In questo modo riuscì ad arrivare a casa prima dell'autobus.

Si potrebbe attribuire questo fatto a un semplice aumento di adrenalina, ma l'uomo non perse più lo slancio acquisito quella notte; infatti riuscì ad abbandonare gradualmente il bastone, e la malattia non lo disturbò mai più come prima. Questo suo rapido miglioramento di salute rappresentò soltanto una piccola parte della trasformazione che avvenne in lui dopo l'incontro con Amma. Un paio di mesi dopo fu ispirato a presentare una domanda di lavoro presso l'ente di case popolari in cui viveva. Divenne un dirigente dell'ente, aiutando le persone di quella comunità. Pochi mesi dopo essere stato assunto divenne il Direttore del centro. Due anni dopo subentrò come Direttore esecutivo del centro operativo di emergenza, uno dei maggiori centri alimentari assistenziali di Seattle. E alcuni anni dopo fu promosso e iniziò a lavorare per la città di Seattle, dove ora ricopre la carica di Direttore dell'Istituto assistenziale per i senzatetto e per l'assegnazione di case popolari. Nel suo ufficio al sessantesimo piano, che guarda dall'alto la città, tiene una foto di Amma e la copia di un suo discorso, in modo che tutti possano leggerlo. In quel primo incontro, Amma non lo aveva neppure toccato fisicamente, eppure guardate quale completa trasformazione portò alla sua vita il trovarsi semplicemente alla presenza di Amma. Amma ha così tanta fiducia in noi che non abbiamo altra scelta che credere in noi stessi.

Una volta, un brahmachari stava viaggiando in autobus per andare a tenere un programma. L'uomo seduto accanto a lui gli chiese a quale Ashram appartenesse e dove stesse andando e lui gli rispose con gentilezza. Prima di scendere, l'uomo gli diede il suo numero di telefono dicendo di fargli visita quando fosse ritornato in città.

Alcuni mesi dopo, questo brahmachari ritornò nella stessa città e improvvisamente si ricordò dell'uomo e sentì il forte impulso di chiamarlo. Questi rispose invitandolo a scendere subito dall'autobus, assicurandogli che sarebbe andato a prenderlo. Infatti, il brahmachari scese alla fermata successiva e poco dopo stava già in auto con l'uomo. Non appena partirono, però, il brahmachari capì che l'uomo era completamente ubriaco e ne fu sconvolto. Arrivarono quasi subito a casa dell'uomo, che aprì la portiera del brahmachari e lo invitò a entrare.

Sulla porta di casa fu accolto dalla moglie e dalla madre dell'uomo. Entrambe piangevano. La moglie disse al brahmachari che, pochi minuti prima, il marito aveva litigato con la madre e che quando lei aveva cercato di intervenire, l'uomo aveva afferrato un coltello da cucina e stava per aggredirla quando, per fortuna, il cellulare aveva cominciato a suonare. Nel sentire la voce del brahmachari, l'uomo era ritornato in sé, aveva lasciato cadere il coltello ed era uscito per andarlo a prendere. Se avesse chiamato un momento più tardi, l'uomo avrebbe potuto ucciderla.

Dopo la visita del brahmachari, il carattere dell'uomo cambiò completamente, portò la moglie e la madre a incontrare Amma, e a lei confessò tutte le sue cattive azioni. Amma gli diede questo consiglio: "Non sprecare la tua vita, figlio mio". L'uomo prese a cuore queste parole. Da quel giorno non ha più toccato alcolici e si è occupato fedelmente di sua moglie e sua madre.

L'amore di Amma può raggiungere perfino gli angoli più bui e dimenticati del cuore umano. Perfino i detenuti si correggono sentendo parlare di Amma e del suo amore incondizionato.

Un giovane racconta che al tempo in cui vide per la prima volta una foto di Amma su una rivista e decise di partecipare al suo programma, aveva già fatto parte di una gang criminale, aveva usato e spacciato droga ed era perfino stato ferito dall'arma di un membro di una banda rivale. Passò tutta la notte a guardare Amma, ma non andò al darshan. Tuttavia fu trafitto dall'amore altruistico e incondizionato di Amma, e si sentì elevato e ispirato dalle sue parole su una vita dedicata al servizio dell'umanità.

Purtroppo, il suo passato continuò a perseguitarlo rendendolo incapace di superare completamente la dipendenza dalla droga. Finì sulla strada, senza una casa. Sapendo che una vita di amore e servizio era possibile, ma sentendosi incapace di metterla in pratica, pensò che sarebbe stato meglio morire. Fu allora che venne arrestato e messo in prigione. Dopo alcune settimane di carcere, all'improvviso cominciò a pensare ad Amma e a come si era sentito in sua presenza. Nonostante il suo passato e tutti i suoi crimini, lei lo avrebbe sempre amato come un figlio, e per questo cominciò a versare lacrime di gioia. Sebbene si trovasse in prigione, si sentì un uomo libero per la prima volta nella vita.

Quindi, raccontò a oltre 70 compagni di prigionia la pienezza dell'amore che aveva trovato in presenza di Amma. Scrisse all'Ashram in California e ricevette un pacco contenente libri e foto di Amma con una lettera di incoraggiamento da parte di alcuni residenti dell'Ashram. Lesse e fece leggere i libri ad altri compagni, e attaccò le foto di Amma alle pareti della sua cella.

Qualche tempo dopo, si sentì ispirato a preparare un pranzo per i suoi compagni in occasione della festa del Ringraziamento, come servizio verso gli altri carcerati. In seguito, un funzionario gli disse che in prigione non si era mai vista una cosa simile, e alcuni compagni gli confidarono che quel giorno avevano dimenticato di essere in carcere.

Dopo poco, l'uomo fu rilasciato e ora impiega il suo tempo soccorrendo coloro che si sentono indifesi e senza speranza. Attraverso l'organizzazione americana non-profit di Amma, ha aiutato a inaugurare un programma carcerario per portare il messaggio di Amma ai detenuti in tutto il Paese, mettendo a loro disposizione libri su Amma e partecipando anche a un'iniziativa di scambio epistolare, che aiuta i prigionieri a stare in contatto con devoti amorevoli. E, ogni anno, porta gruppi di senzatetto e tossicodipendenti al darshan di Amma, dove ricevono un pasto caldo e il suo abbraccio trasformatore.

Nella *Guru Gita* si dice:

ajñāna timirāndhasya jñānāñjana śalākayā
cakṣurun mīlitam yena tasmai śrī gurave namaḥ

Omaggio al guru, che apre gli occhi resi ciechi dalla cataratta dell'ignoranza con il bisturi ricoperto dall'unguento della conoscenza.

Le parole di un vero maestro hanno il potere speciale di farci aprire gli occhi al nostro potenziale. La storia di un altro prigioniero aiuta a spiegare questo punto. Dopo essere stato arrestato nel 1996 e condannato a 10 anni di prigione, la condotta criminale di quest'uomo non fece che peggiorare. Alla fine, aggredì una guardia carceraria e fu condannato a una pena supplementare di tre anni di isolamento. Durante quel periodo gli era consentito uscire solo per un'ora d'aria al giorno. Dopo tre mesi di isolamento, si guardò intorno e si chiese: "Come ho fatto a ridurmi così?". Comprese che doveva cambiare, ma non sapeva come. Proprio il giorno seguente, una guardia passò con un carrello di libri e gli chiese se voleva leggere qualcosa. Tra i libri ne vide uno di Amma. Fu subito attratto dalla sua foto e prese il libro. Nel leggere le parole di Amma sulla natura instabile della mente e su come in stato di forte emotività gli esseri umani tendano a prendere decisioni sbagliate, il prigioniero capì che Amma stava descrivendo perfettamente la sua vita fino a quel momento. Seguì i consigli di Amma per i primi rudimenti nella meditazione e il risultato fu che divenne un po' alla volta più cosciente delle proprie emozioni e capace di prendere decisioni migliori. Alla fine, scoprì di non avere più detto o fatto cose negative mentre era arrabbiato, e di essere in grado di prendere la decisione consapevole di non fare qualcosa che avrebbe rimpianto in seguito.

Egli dice che questo fu il primo passo nell'apprendere come esercitare un certo controllo su comportamenti che in precedenza aveva considerato parte della sua personalità. Oggi frequenta l'università, è un eccellente studente di fisica e ingegneria, e attribuisce il merito di tutto ciò che ha conseguito ad Amma, alla sua saggezza e al suo amore divini.

Anche in India, Amma è stata in grado di salvare anime perse e a trasformare i cuori più duri. Ricordo la storia di un uomo che diventò devoto in età avanzata. Dire che aveva avuto un passato movimentato è dire poco. Da ragazzo, a scuola, si comportava spesso da bullo. Un giorno si vendicò con violenza di un affronto, e scoprì di aver guadagnato il rispetto dei ragazzi più duri e prepotenti e la paura degli altri. Dopo di ciò, nessuno osò più insultarlo o toccarlo. Quel giorno, comprese che la sua capacità di essere violento significava sicurezza e potere. Crebbe con quella convinzione e diventò un criminale, un esattore al soldo di strozzini. La cosa raggiunse un livello tale che il suo nome incuteva letteralmente terrore nei debitori messi alle strette dal suo datore di lavoro.

Un giorno, sua moglie andò da Amma. Toccata dalla vita di Amma, dal suo messaggio e dal suo comportamento amorevole, divenne una devota e cominciò a frequentare l'Ashram ogni volta che poteva. Portò a casa delle foto di Amma e le mise nella stanza della puja. Più si avvicinava ad Amma, più il comportamento del marito e il suo bere smodato la turbavano. Lo invitò spesso ad andare da Amma, ma egli non mostrò mai alcun interesse. Tuttavia, non voleva vederla infelice e quando alla fine lei gli chiese di giurare sulla foto di Amma che avrebbe smesso di bere e di vivere come un criminale, lo fece senza esitazione. La sua intenzione era di accontentare sua moglie, non certo di cambiare stile di vita, e infatti tutto continuò come prima. Ma quando sua moglie lo invitò di nuovo ad andare da Amma, per qualche motivo egli accettò.

Era la prima volta che la donna vedeva Amma dopo il giuramento di suo marito, e non aveva avuto alcuna occasione di parlarne con lei, ma nel momento in cui l'uomo si trovò davanti ad Amma, ella lo rimproverò gentilmente: "Ehi, figlio mio, come osi infrangere una promessa?". Anche se proferite quasi casualmente, quelle parole lo colpirono come un fulmine: Amma sapeva del suo giuramento, quindi sapeva tutto quello che lui aveva fatto e detto nella sua vita. Nonostante ciò vedeva ancora qualcosa di buono in lui, tanto da abbracciarlo e parlargli con affetto come fosse un suo caro figlio. Da quel momento, l'uomo mantenne la promessa ed è diventato uno dei più ardenti devoti di Amma della sua zona. E non solo: sentendo nell'anima il messaggio di Amma, dona parte del salario, proveniente dal suo nuovo lavoro onesto, per acquistare libri e divise scolastiche per gli studenti poveri.

Amma dice: "Perfino un orologio rotto segna l'ora esatta due volte al giorno". Con il suo atteggiamento infinitamente generoso e paziente, ella ripara esseri umani spezzati, e una volta aggiustati, li restituisce al mondo come prasad. Soffiando sull'ultima scintilla di bontà rimasta anche nei cuori più cupi, sa creare un falò d'amore, compassione e dedizione ad atti di bontà.

Attraverso il suo amore, Amma sta cambiando il modo in cui le persone di tutto il mondo vedono se stesse, il loro potenziale, e la loro comunità. E questo non si limita a chi è abbracciato fisicamente da lei. Molte persone non possono andare a incontrare Amma o non vivono vicino ai luoghi in cui lei si ferma nei suoi tour, ma sentono parlare del lavoro che Amma sta compiendo e non possono che desiderare di fare la loro parte, in qualunque modo possibile.

Amma afferma: "La completezza si ottiene quando conoscenza e amore si uniscono. Possa il cuore dei miei figli diventare pieno di vera conoscenza e amore. In questo modo, possano essi diventare la luce del mondo intero".

Capitolo 13

Uscire dai confini della nostra rassicurante routine

"Quello che Dio vi chiede con insistenza è di uscire da voi stessi – e lasciare che Dio sia Dio in voi".

– Meister Eckhart

Amma racconta la seguente storia. Una volta, un generale notò che un promettente giovane capitano aveva sviluppato una seria dipendenza dall'alcool. Convocò il capitano ubriaco nel suo ufficio e disse: "Lei è un brav'uomo, ma si sta rovinando. Se rinuncia all'alcool, potrà diventare presto colonnello".

Il capitano rise e rispose: "Non ne vale la pena. Se resto sobrio potrò diventare solo colonnello, ma da ubriaco sono già generale!".

Amma dice spesso: "È facile svegliare qualcuno che sta dormendo, ma difficile svegliare chi finge di essere addormentato". Questo significa che, a qualche livello, siamo consapevoli che la vita che conduciamo e le scelte che facciamo non sempre sono in linea con le nostre mete spirituali.

Per esempio, Amma guida spesso i suoi figli in questa preghiera:

"Signore, possa ogni mio pensiero essere rivolto a Te.
Possa ogni mia parola essere un inno in Tua lode.
Possa ogni mia azione essere un'offerta ai Tuoi piedi di loto.
Possa ogni mio passo avvicinarmi a Te".

Vale la pena esaminare se le nostre azioni sono veramente in linea con questa preghiera. Non ha senso, in fondo, pregare affinché ogni nuovo passo ci avvicini a Dio, se poi ci alziamo e corriamo nella direzione opposta.

Una volta, un uomo stava silenziosamente al capezzale del padre morente: "Per favore, ragazzo mio", sussurrò il vecchio, "ricordati sempre che la ricchezza non porta la felicità".

"Lo so, papà", rispose il figlio, "ma almeno mi permetterà di scegliere il tipo di sofferenza che considero più accettabile!". In modo simile, la maggior parte di noi è felice di accontentarsi del male minore. Facciamo scelte che sono in conflitto con la nostra meta spirituale perché ci permettono di avere tutte le comodità. Per realizzare l'obiettivo della vita spirituale, però, dobbiamo espandere l'idea di noi stessi fino a racchiudervi l'intero universo, oppure dimenticarci di noi stessi completamente. Entrambi i metodi richiedono che si esca dai confini della propria rassicurante routine, facendo cose che non ci piacciono, e imparando a porre i bisogni e i desideri degli altri davanti ai nostri. Fortunatamente per noi, Amma è un'esperta nel prenderci per mano e condurci gentilmente fuori dalla prigione di questa routine tranquillizzante, oltre i legami di ciò che ci piace e di ciò che non ci piace.

Una volta, durante uno dei tour di Amma nel nord India, il gruppo si fermò per il pranzo sul ciglio della strada. Amma servì a tutti un piatto di riso, curry di tapioca e sambar. Dopo la preghiera, quando tutti avevano cominciato a mangiare, Amma notò che un brahmachari seduto accanto a lei non si decideva a farlo, e guardava tristemente il suo piatto: non era un patito della tapioca. "Su, mangia qualcosa", lo ammonì Amma. Rassegnandosi al suo destino, riluttante, egli cominciò a mangiare qualche cucchiaio di cibo. All'improvviso, Amma allungò la mano, prese quasi tutta la sua tapioca e la mise nel proprio piatto. Guardandola mangiare, il brahmachari si sentì tremendamente imbarazzato perché la tradizione indiana considera una mancanza di rispetto lasciare che un'altra persona mangi dal proprio piatto già iniziato – figurarsi se si tratta del guru. Ma Amma era imperterrita. Finito di mangiare, annunciò: "Ho preso la sua tapioca – qualcuno gliene dia dell'altra!".

Uno dei brahmachari che serviva il pasto gliene portò ancora e così egli iniziò a mangiarla per mero senso del dovere. Ma, mentre mangiava, accadde una cosa strana: gli venne subito in mente che ad Amma la tapioca doveva piacere molto se era arrivata a prenderne dal suo piatto, e dunque, perché non sarebbe potuta piacere anche a lui? Con questo pensiero in mente, si accorse che non provava più alcuna avversione per la tapioca. Tempo dopo scoprì che, ogni volta che c'era della tapioca, questa gli ricordava Amma, e un poco alla volta cominciò ad apprezzarla; ormai, quando viene servita della tapioca, ne chiede perfino una seconda porzione.

In modo analogo, la maggior parte di noi non ha inclinazione per il servizio disinteressato o per una pratica spirituale regolare, ma quando vediamo Amma svolgerli con tanto entusiasmo e sincerità, non possiamo fare altro che seguire il suo esempio.

Nelle prime fasi della vita spirituale, comunque, possiamo aspettarci di incontrare qualche ostacolo. Per esempio, quando iniziamo la nostra relazione con un maestro spirituale, abbiamo la grande aspettativa di essere guidati, ma quando questi comincia davvero a darci dei consigli, scopriamo che talvolta non ci piacciono affatto. Il vero compito del maestro è aiutarci ad andare oltre le nostre attrazioni e repulsioni. Dobbiamo tenere bene a mente questo quando riceviamo la guida e le istruzioni da un maestro. Naturalmente, il maestro dirà cose che non ci piace ascoltare, e ci chiederà di fare cose che non ci piace fare. È necessario essere preparati e ricordare che è solo per il nostro bene – solo per aiutarci a espandere il nostro senso di chi siamo e di ciò che siamo in grado di fare.

Durante i nostri primi anni con Amma non conoscevamo nulla della spiritualità: eravamo solamente attratti e ispirati dall'amore materno e incondizionato di Amma. Per qualche tempo, Amma fu molto indulgente con noi, come una madre coi propri figli. Ma dopo un poco annunciò che avrebbe stabilito delle regole per la nostra crescita spirituale. Disse: "Quando una pianta è giovane, ha bisogno di essere protetta, altrimenti sarà mangiata da animali randagi, o calpestata da un passante distratto. Più avanti, però, quando sarà diventata un albero, vi si potrà legare perfino un elefante, tanta sarà la sua forza. In modo simile, nelle prime fasi, un aspirante spirituale deve attenersi strettamente alle discipline tradizionali della vita spirituale".

In quei giorni, una delle nuove regole fu la proibizione di bere tè e caffè. Come afferma Amma: "Se non sappiamo attraversare neppure un piccolo corso d'acqua (abbandonando l'abitudine di bere caffè), come possiamo aspettarci di attraversare l'oceano del *samsara* (il ciclo di nascita e morte?)".

Un brahmachari, però, non riuscì subito a rinunciare alla sua abitudine al caffè e, segretamente, continuò a prepararlo e a berlo in privato. Un giorno ne offrì una tazza a un altro brahmachari. Questi, però, subito dopo provò rimorso e andò da Amma a confessare la sua trasgressione. Amma chiamò il primo brahmachari e lo accusò ad alta voce di esercitare una cattiva influenza sull'altro, che si era unito all'Ashram solo da poco. Più tardi, quello stesso giorno, alcuni di noi erano seduti in cucina quando irruppe il primo brahmachari, chiaramente irato: "D'ora in poi", dichiarò, "non dividerò il mio caffè con nessuno!".

In modo analogo, quando il guru dice qualcosa che non ci piace, possiamo sempre trovare un'interpretazione che ci eviti la necessità di modificare il nostro comportamento.

Su questo punto, Amma racconta la seguente parabola. Una volta, un uomo andò in cerca di un maestro. Voleva un guru che lo guidasse assecondando i suoi desideri, ma nessun guru era disposto a farlo, né le regole imposte dai guru erano accettabili per lui. Alla fine, l'uomo si sentì stanco e si sdraiò a riposare in un campo. Pensava: "Non esiste un guru che sappia guidarmi come voglio io. Mi rifiuto di diventare lo schiavo di qualcun altro! Dopotutto, qualunque cosa scelga di fare, non è forse Dio che mi consente di farla?". Voltando il capo, vide un cammello che annuiva con la testa. "Ah, sì! Ecco qualcuno adatto a essere il mio maestro!", pensò.

"Cammello, vuoi farmi da maestro?", chiese. Il cammello annuì.

Così l'uomo accettò il cammello come suo maestro spirituale. "Maestro, posso portati a casa?", chiese. Il cammello annuì ancora. Egli lo portò a casa e lo legò a un albero.

Passarono alcuni giorni: "Maestro, c'è una ragazza di cui sono innamorato, posso sposarla?", chiese. Il cammello annuì.

"Maestro, non ho figli", disse dopo un po' di tempo. Il cammello annuì e i bambini arrivarono.

Un giorno, l'uomo chiese: "Posso bere un po' con i miei amici?". Il cammello annuì. In breve, il tipo divenne un ubriacone e cominciò a litigare con la moglie.

"Maestro, mia moglie mi secca, posso picchiarla?". Il cammello annuì. Egli tornò a casa e malmenò la donna. Sentendo grande confusione, arrivò la polizia che lo arrestò.

Amma dice: "Il guru è come il medico che non lascia dormire il paziente morso da un serpente. Forse un osservatore potrebbe considerare crudeli le tattiche del dottore e pensare che sarebbe meglio se lasciasse riposare un po' il paziente, ma il medico sa che se questi si addormentasse, potrebbe morire". Amma afferma anche: "Se trovate un guru che vi lascia fare tutto quello che volete, o se vivete come piace a voi, continuerete a vivere in schiavitù".

Recentemente, un devoto di Amma mi ha raccontato una storia. Un giorno si stava lamentando con un amico dei disaccordi sorti nel suo gruppo di satsang. Dopo averlo ascoltato per un po', l'amico, che seguiva un sentiero spirituale diverso, lo interruppe: "Sai, il mio gruppo ha gli stessi problemi", disse, "ma nel tuo caso, non c'è da preoccuparsi".

"Perché no?", chiese il devoto di Amma.

"Perché il tuo è un guru al 100%. Non ho dubbi che Amma sia un maestro perfetto, perciò tutto quello che accade nel suo gruppo di satsang comporterà senza dubbio la tua crescita spirituale".

"Aspetta un secondo", protestò il devoto. "Mi ricordo che la prima volta che Amma è venuta nella nostra città, tu hai partecipato al programma, ma poi non sei più tornato".

"È vero", ammise l'amico. "Sono entrato e ho visto Amma seduta che dava il darshan nella sala. Nel momento in cui ho posato gli occhi su di lei, ho capito subito che era autentica, e così mi sono voltato e me ne sono andato immediatamente".

"Perché?", chiese il devoto.

"Perché ho capito che faceva sul serio", spiegò l'amico, "e che se fossi rimasto con Amma, presto o tardi avrei dovuto lasciare le mie comode abitudini e fare dei reali cambiamenti".

Questo vale per tutti noi. Lo scopo di venire da un vero maestro come Amma non è quello di dimenticare semplicemente i nostri problemi o quelli del mondo – per quello basta guardare un film o ubriacarsi. Ciò che è veramente necessario non è avere meno consapevolezza, ma averne di più! Amma ci rende più consapevoli del nostro mondo interiore e di ciò che ci circonda. Amma dice che quando guardiamo la TV e vediamo gente che soffre, il nostro primo istinto è forse di cambiare canale, ma afferma anche che la sofferenza altrui non va ignorata. Nel mondo ci sono molti problemi e Amma vuole che i suoi figli facciano parte della soluzione. Ecco perché ci incoraggia a ridurre le spese superflue e a lavorare una mezz'ora in più al giorno per guadagnare denaro per i poveri. Ecco perché dice che sprecare il cibo è una forma di violenza. Non sono istruzioni facili da seguire e la nostra parte più debole, pigra, egoista ci fa pensare che Amma manchi di senso pratico. Ma se prendessimo a cuore le indicazioni di Amma, se le seguissimo sinceramente, il mondo non diventerebbe forse un posto migliore? Le nostre vite non sarebbero più felici?

Qualunque fatto accada vicino ad Amma non può essere raccontato come una storia unica. In realtà, vi sono tante storie quanti sono i devoti presenti, perché ciascuno ha un'esperienza diversa, una perla diversa che porterà con sé per sempre. Riguardo l'episodio di Amma che cucinava gli unniyappam sul tetto dell'Ashram di Madurai, un brahmachari racconta la propria storia.

Mentre Amma versava l'impasto nell'olio bollente e verificava se i dolci fossero pronti da servire, disse ridendo: "Questi sono cotti solo a metà – come alcuni dei miei figli!". Un brahmachari seduto accanto a lei pensò: "Sì, al contrario di me, molte di queste persone non sono veramente pronte a ricevere gli insegnamenti di Amma… e la ragione principale è che non si sono davvero arrese al guru".

Di lì a poco, Amma cominciò a distribuire a ciascuno due unniyappam, come prasad. Secondo la tradizione, il vero discepolo deve accettare qualunque cosa il guru offra come prasad, ma questo brahmachari aveva recentemente sofferto di nausea e mal di stomaco e il medico gli aveva consigliato di non mangiare cibo fritto durante la malattia. Ricordandosene, non tese la mano per ricevere il prasad di Amma. Alla fine, volendo chiedere a chi non avesse ricevuto il prasad di alzare la mano, Amma lo guardò e lo invitò a tradurre in inglese la sua richiesta. Egli lo fece, ma anche in quel momento, ricordando il consiglio del medico, non alzò la mano. Dopo che Amma ebbe distribuito il prasad a tutti, il brahmachari si chinò e informò Amma dei suoi recenti problemi di salute. Con grande tenerezza, Amma esclamò: "Oh, figlio mio, non stai bene? Mangia questo". Così dicendo, con un sorriso malizioso sul volto, gli mise delicatamente due unniyappam in mano.

Dopo che Amma si fu alzata e se fu andata, il brahmachari comprese che ella lo aveva stuzzicato a causa della sua riluttanza ad accettare il prasad, facendogli capire che anche lui era cotto soltanto a metà.

Similmente, nella nostra vita, Amma ci mette in situazioni nelle quali possiamo diventare consapevoli delle nostre negatività e lavorare per superarle. Tuttavia lei non ci forzerà a fare alcunché.

Un brahmachari di Amma mi ha raccontato recentemente una storia che chiarisce questa affermazione. Circa 18 anni fa, tutti i residenti dell'Ashram stavano collaborando al progetto di prosciugare un'area sommersa del terreno dell'Ashram, portandovi dei sacchi di sabbia dal luogo in cui era stata scaricata. Un brahmachari giovane, poco incline al lavoro manuale, all'improvviso si ritrovò a pensare: "Quando avrò il cambio? Sono qui da troppo tempo". Quando tornò al mucchio di sabbia, proprio nel momento in cui si stava mettendo un altro sacco sulla spalla, ecco Amma arrivare correndo e chiamarlo per nome: "Da quanto tempo stai trasportando sabbia, figlio mio?".

Il brahmachari rispose: "Quasi due ore".

Allora Amma esclamò a voce alta: "Due ore! Guardate questo ragazzo... lavora da tanto tempo", e così dicendo cercò di prendergli il sacco di sabbia dalle spalle. Il brahmachari glielo impedì e si allontanò, scaricandolo nel punto convenuto, ma quando fece ritorno al mucchio di sabbia, Amma lo stava aspettando. "Va' a riposare, figlio mio".

In passato, a causa della nostra riluttanza ad abbandonare i nostri comfort, abbiamo forse fatto degli errori o perduto delle opportunità di compiere buone azioni, ma non dobbiamo sentirci abbattuti per i passi falsi sul sentiero verso Dio. Per quanto sporca possa essere l'acqua della nostra mente, potrà essere sempre purificata gradualmente aggiungendovi la fresca acqua dei pensieri divini e delle buone azioni. La malattia e il peccato sono aspetti inevitabili dell'esistenza umana. La malattia è sintomo di un corpo che non è in equilibrio, il peccato è sintomo di una mente che non è in equilibrio. La spiritualità ci aiuta a riportare armonia nella mente e ci rimette sul giusto sentiero.

Il modo in cui il guru sceglie i suoi discepoli è stato paragonato alla tradizione di usare l'acqua sacra del Gange per macinare il legno di sandalo fino a farlo diventare profumata pasta di sandalo. L'acqua del Gange rappresenta il discepolo puro, il legno di sandalo rappresenta il maestro spirituale con la fragranza della vera spiritualità. I maestri ordinari sono così: scelgono soltanto i discepoli più puri dotati del giusto carattere spirituale e morale. Ma i veri maestri come Amma non si preoccupano affatto di tali qualità. Anche se l'acqua del Gange è alla loro portata, anziché usare quella per fare la pasta di sandalo, essi prendono intenzionalmente dell'acqua sporca, nella forma di un discepolo privo dei requisiti necessari. Non importa quanto possa essere difficile un simile processo, essi continueranno senza sosta fino alla fine, con infinita pazienza e compassione.

Perciò non dobbiamo mai desistere, ritenendoci senza speranza; al contrario, facciamo uso di questa preziosa opportunità di stare con un mahatma come Amma e sviluppare amore puro per Dio. Imitando il suo esempio di preghiera e servizio, alla fine anche noi dimenticheremo il nostro piccolo sé e sperimenteremo una felicità vera e permanente.

Capitolo 14

Aggrapparsi alla Verità

"Sviluppando un rapporto personale con un vero Maestro, creando un attaccamento alla sua forma esteriore, voi stabilite una relazione con Dio, la Coscienza suprema – il vostro Sé interiore. Non è come l'attaccamento per una persona comune, è un rapporto che vi aiuterà a essere distaccati in ogni circostanza. Questo prepara la mente a fare il balzo finale nella Coscienza di Dio".

– Amma

Le Scritture dicono che tutti gli obiettivi della vita possono essere classificati in due categorie: *preyas* (prosperità materiale) e *sreyas* (evoluzione spirituale). Sia si tratti di preyas, sia di sreyas, i fattori essenziali per raggiungere la meta sono identici e sono chiamati *iccha-sakti*, *jnana-sakti* e *kriya-sakti* – il potere di desiderare, il potere di conoscere e il potere di agire.

Tutti noi abbiamo il potere di desiderare qualunque cosa al mondo. Questo è un privilegio riservato agli esseri umani. Un animale può desiderare solo i suoi bisogni primari. Una scimmia non può voler possedere o usare un computer: se date un computer a una scimmia, lo romperà o lo getterà via. Gli esseri umani, invece, possono desiderare qualunque cosa, in questo mondo e oltre.

Quando abbiamo un desiderio, dobbiamo conoscere i mezzi per realizzarlo. Perché troviamo il modo di realizzare i nostri desideri, Dio ci ha dato la facoltà del pensiero e la capacità intellettuale.

Tuttavia, conoscere i metodi per esaudire un desiderio non è sufficiente: è necessario metterci anche l'impegno, e Dio ci ha dato il potere di agire, senza il quale non potremmo muovere neppure un muscolo. Dunque, ci sono stati dati questi tre tipi di potere per realizzare i nostri obiettivi nella vita, sia che rientrino nella categoria di preyas sia di sreyas.

Tutti desideriamo raggiungere un certo livello di prosperità materiale. Andare a scuola ci aiuta a riconoscere i nostri obiettivi materiali e ad acquisire le competenze per concretizzarli. L'istruzione moderna, però, è strutturata in modo da consentirci di raggiungere esclusivamente gli obiettivi che rientrano nella categoria di preyas. Anche se conseguiamo un dottorato, non possiamo comunque affermare di aver raggiunto la reale conoscenza, quella che le Scritture definiscono come rimozione delle false idee sulla nostra vera natura e sulla natura del mondo che ci circonda. È solo questa conoscenza che ci aiuterà a conseguire sreyas, la crescita spirituale.

Una volta, una persona vide sul pavimento quello che sembrava un pezzo d'oro luccicante, ma dopo averlo raccolto, si rese conto che si trattava soltanto di una carta di caramella. Vedendola per ciò che veramente era, la buttò via senza pensarci due volte. In modo simile, quando raggiungiamo la conoscenza di ciò che è vero e ciò che è falso, abbandoniamo immediatamente il falso e ci aggrappiamo al vero.

Poiché non abbiamo ancora raggiunto la conoscenza suprema, abbiamo bisogno di aggrapparci a qualcuno come Amma, che è stabilita in quella conoscenza. Questo legame ci aiuterà a eliminare le nostre false idee circa la nostra vera natura. Amma dice che se siamo diretti in un posto nuovo, anche se abbiamo una mappa, è meglio avere come guida anche una persona del posto.

Per esempio, Edmund Hillary condusse un esauriente studio sulle condizioni del monte Everest prima di tentarne la scalata, eppure dovette chiedere l'aiuto di uno sherpa locale per portare a termine l'impresa. Prendiamo il caso di un abilissimo chirurgo oculistico che necessita di un'operazione all'occhio; non sarà in grado di realizzarla da solo, dovrà sottoporsi alle cure di un altro medico. Ugualmente, possiamo studiare le Scritture in modo completo, ma questo, da solo, non è sufficiente a rivelare il nostro vero Sé. Ciò che serve è un'assoluta purezza mentale; non saremmo mai capaci di vedere pienamente le nostre debolezze e i nostri difetti: per questo abbiamo bisogno dell'aiuto di un vero maestro, che funzioni come uno specchio nel quale vedere con chiarezza le nostre imperfezioni, e quindi rimuoverle.

Allora, che cosa vuol dire aggrapparsi al maestro? Non significa avvinghiarsi al suo corpo fisico e rifiutarsi di lasciarlo andare, ma ricordarlo durante la nostra vita quotidiana. Il modo più semplice di farlo è coltivare una relazione con lui. Attraverso il nostro rapporto personale con Amma, sarà facile pensare a lei, proprio come ricordiamo i nostri parenti e i nostri cari, anche se non vivono vicino a noi.

Quando siamo lontani da Amma, uno qualunque dei suoi devoti può aiutarci a sentirci più vicini a lei. Un occidentale, che aveva abitato ad Amritapuri a lungo ed era dovuto tornare al suo Paese per occuparsi di alcuni problemi familiari, mi disse che all'Ashram c'era un altro devoto che non gli era particolarmente simpatico e che cercava sempre di evitare. Dopo essere stato lontano dall'Ashram per alcuni mesi, però, gli capitò di imbattersi proprio in quel devoto e fu così felice di vederlo che lo invitò a pranzo a casa sua e lo trattò come un fratello perso di vista da tempo. Il solo fatto di rivederlo gli ricordò Amma e gliela fece sentire vicina.

Qualunque cosa Amma faccia è solo per aiutarci a stringere un legame con lei e quindi ad attaccarci alla Verità suprema, a Dio. Come dice Sri Krishna nella *Bhagavad Gita:*

*na me pārthāsti kartavyaṁ triṣu lokeṣu kiṁcana
nānavāptam avāptavyaṁ varta eva ca karmaṇi*

O Partha, nei tre mondi non c'è nulla che non abbia
compiuto Io, né qualcosa che non abbia realizzato
o che possa ancora realizzare; eppure mi impegno
costantemente nell'azione.

(3.22)

In modo simile, Amma non ha nulla da guadagnare nel
passare del tempo con noi o nel compiere azioni in generale.
Recentemente, quando un giornalista le ha chiesto: "Che cosa
le dà maggiore soddisfazione e appagamento nella posizione che
ricopre?", lei ha risposto: "Appagamento? Io sono sempre appagata.
Se non si è completi, si cerca di prendere dagli altri per diventarlo,
ma nel mio caso non è così... C'è sempre sovrabbondanza".

Alcuni pensano che non serva confidare i nostri problemi e
dispiaceri ad Amma perché lei è identificata con l'Essere supremo
e perciò conosce e trascende tutto. È come lo studente di scuola
elementare che dice: "È inutile che io chieda a papà di aiutarmi
con i compiti, perché lui ha già finito di studiare". Se il bambino
ragiona in questo modo, perde l'opportunità di avvalersi dell'aiuto
del padre.

Sebbene il guru sia oltre il nome e la forma, per la nostra crescita spirituale è meglio relazionarci con lui (o lei) come persona,
pur tenendo a mente che la sua vera natura è al di là. Se invece
cerchiamo di rapportarci ad Amma al livello dell'assoluto, ne
risulterà fraintendimento e confusione, perché noi siamo ancora
al livello oggettivo della coscienza del corpo.

Durante uno dei programmi di Amma in India, all'inizio
del darshan, un brahmachari vide un uomo che singhiozzava con
grande emozione, gli si avvicinò e gli chiese che cosa non andasse.

L'uomo rispose: "Mi sento come se il mio cuore si stesse dilatando". Il brahmachari capì che la situazione era seria e, senza farlo aspettare in fila, lo portò dritto da Amma. Il brahmachari disse: "Amma, quest'uomo ha un problema serio – ha il cuore dilatato".

Amma guardò l'uomo con un'espressione scherzosa e chiese: "È vero, figlio mio?".

L'uomo sorrise attraverso le lacrime e spiegò: "No, no – non è il mio cuore fisico, ma quello spirituale che si sta espandendo grazie al tuo amore, Amma".

Qui, l'uomo e il brahmachari comunicarono a due differenti livelli e perciò non si capirono, proprio come accadrebbe se cercassimo di comunicare con Amma al suo livello: non ci riusciremmo mai. In realtà, a quel livello, non serve alcuna comunicazione – c'è solo unità.

È anche vero che, mentre il maestro trascende il livello oggettivo di realtà, la sua presenza qui è estremamente preziosa per chi è ancora immerso in questa realtà. Perciò, perfino i discepoli del grande saggio Adi Shankaracharya – che ripristinò la supremazia della filosofia dell'Advaita Vedanta (non-dualismo) in tutta l'India – davano molto valore alla salute e al benessere del corpo fisico del loro maestro.

Conoscendo la natura compassionevole del saggio, una volta un *kapalika* (un adepto di pratiche occulte) chiese a Shankaracharya di dargli la sua testa come offerta per un particolare rituale. Sapendo che il suo vero Sé non sarebbe stato toccato dalla perdita del corpo fisico, Shankaracharya acconsentì volentieri, ma lo avvertì che la testa doveva essere presa di nascosto dai suoi discepoli.

Quando questi si recarono tutti a fare il bagno nel fiume, il kapalika trovò Shankaracharya immerso in meditazione ed estrasse la spada per decapitare il saggio. In quel momento, Padmapada, uno dei discepoli di Shankaracharya, sbucò dal nulla ed ebbe la meglio sul kapalika, uccidendolo. Durante il bagno, aveva intuitivamente sentito che il suo maestro era in pericolo e aveva deciso di tornare. Poiché Padmapada era un devoto del Signore Narasimha (incarnazione di Vishnu nella forma di uomo-leone) era capace di invocare dentro di sé la presenza di Narasimha.

Per Shankaracharya, che era completamente oltre il corpo, non avrebbe fatto alcuna differenza essere ucciso dal kapalika, ma Padmapada non pensò: "Oh, il mio guru è uno con l'indistruttibile Essere supremo, oltre il corpo e la mente, perciò non ha senso proteggere il suo corpo". Tutt'altro, spinto dalla devozione, fece tutto il possibile per proteggere il corpo del maestro, e come risultato ricevette la grazia del guru.

Una volta, il saggio Narada andò a far visita al Signore Krishna, che si lamentò di una terribile emicrania, aggiungendo che solo la polvere dei piedi di un vero devoto avrebbe potuto curarla. Chiese a Narada di trovare un devoto autentico e di raccogliere la polvere dei suoi piedi. Sebbene lo stesso Narada fosse un grande devoto, pensò che avrebbe commesso un peccato imperdonabile applicando la polvere dei propri piedi sulla testa del Signore, e perciò andò a cercare un devoto che fosse disposto a farlo. Purtroppo, tutti erano altrettanto riluttanti a dargli la polvere dei propri piedi, per paura di commettere un terribile sacrilegio. Alla fine, Narada tornò da Krishna e confessò il suo fallimento.

Krishna allora gli disse di chiedere alle *gopi* (pastorelle) di Vrindavan. Seppure molto dubbioso, Narada si recò a Vrindavan. Non appena Narada menzionò l'emicrania del Signore e la cura specifica, le gopi dimenticarono ogni altra cosa e cominciarono a raccogliere in un sacchetto la sabbia dei loro piedi nudi. Non ebbero nessuno scrupolo a dare al Signore la polvere dei propri piedi. Egli soffriva e la sola cosa cui potevano pensare era a come aiutarlo. Per il bene del loro Signore, non si preoccuparono di incorrere neppure nel peggiore dei peccati. Se invece avessero pensato: "Krishna è Dio; come fa ad avere un'emicrania?", non avrebbero avuto modo di esprimere il loro amore e la loro devozione. Sebbene si possa dire che le gopi avessero una prospettiva limitata della reale natura di Sri Krishna, furono la loro devozione e il loro amore disinteressato – provenienti proprio da tale prospettiva – che le aiutarono a fondersi nel Signore in così breve tempo. Se, al contrario, avessero guardato a Dio come all'Assoluto impersonale, non sarebbero state in grado di concentrare tanto intensamente la loro attenzione e il loro amore su Dio e avrebbero probabilmente avuto bisogno di altre vite per raggiungere la meta dell'esistenza umana.

Similmente, se non ci relazioniamo col maestro a livello umano ma cerchiamo di farlo a livello dell'Assoluto, sarà difficile stabilire un forte legame con lui. Per esempio, alcune persone pensano che Amma sappia tutto, e così ritengono che non ci sia motivo di scriverle delle lettere per alleggerire il proprio cuore. C'era un brahmachari che aveva tenuto segreto un particolare fatto accaduto nella sua vita prima di unirsi all'Ashram e non lo aveva confidato a nessuno, neppure ad Amma. Qualche volta aveva l'episodio in mente quando andava vicino ad Amma, pensando che lei lo avrebbe certamente colto, ma non glielo aveva mai raccontato verbalmente. Quel fatto continuava a perseguitarlo e alla fine decise di alleggerire il suo cuore scrivendo una lettera ad Amma. Dopo che ella lesse la sua lettera, egli andò al darshan e le chiese se fosse arrabbiata con lui.

Amma sorrise dolcemente e disse: "No, naturalmente... tutto quello che è accaduto nel passato è come un assegno annullato. Cominciare una vita con Amma è come cancellare la lavagna, eliminando tutti gli errori. Bisogna solo fare attenzione a non ripetere lo stesso sbaglio, altrimenti sarà come continuare a cancellare un foglio nel medesimo punto: alla fine la carta si strapperà".

Il brahmachari fu molto sollevato dalla risposta di Amma; mentre si alzava per andarsene, Amma commentò: "Comunque, conoscevo già quel fatto, ma avendolo raccontato apertamente ad Amma, adesso lei può avvicinarsi a te. Hai rimosso un muro tra te e Amma".

Amma afferma che davanti al maestro il discepolo deve essere come un libro aperto; non deve nascondere nulla, non perché il maestro ignori qualcosa che lo riguarda, ma perché aprire il cuore al maestro ci aiuta a sentirlo nostro. Finché rimarremo al livello della dualità, è importante nutrire una stretta relazione col maestro. Amma dice: "Usatemi come una scala per la vostra crescita spirituale". È solo per questo – elevare la nostra coscienza al livello dell'Assoluto – che Amma è scesa al nostro livello.

Sebbene Amma veda l'unità insita in tutta la creazione, continua a relazionarsi molto coi suoi figli come individui – perché, in fondo, è così che noi vediamo noi stessi. In realtà, molti considerano Amma una confidente e amica per la vita. Ella ride quando noi ridiamo, piange quando piangiamo, le manchiamo quando partiamo.

Il giorno prima dell'inizio del tour d'America del 2007, Amma andò a casa di un devoto, a nord di Seattle. Un gran numero di devoti si era radunato per darle il benvenuto in occasione del suo 21° tour annuale degli Stati Uniti. Amma si portò rapidamente al centro del gruppo, informandosi sulla salute dei devoti e sugli ultimi sviluppi della loro vita.

Alcune settimane prima dell'arrivo di Amma, era mancato un devoto americano molto vicino ad Amma fin dal 1987. La sua assenza era sentita da tutti. Dopo essersi seduta su una sedia di fronte ai devoti, Amma chiese un minuto di silenzio e una preghiera per la pace della sua anima. Inoltre, chiese a tutti di pensare a quei devoti che per una qualsiasi ragione non potevano essere là con loro.

Era stato preparato il pranzo e ben presto Amma cominciò a distribuire i piatti come prasad, mentre esaminava con lo sguardo la folla, continuando a guardare con attenzione i volti dei suoi figli, molti dei quali non aveva visto per gran parte dell'anno. A quel punto, una ragazza seduta lì vicino notò che Amma portava un anello di giada alla mano destra. Poiché non è abitudine di Amma portare simili gioielli, la ragazza le chiese perché lo indossasse. Amma rispose che quell'anello le era stato donato da una devota durante il programma finale in Giappone, e che per il grande amore col quale glielo aveva dato, Amma si era sentita spinta a indossarlo per un po' di tempo. Poi disse che, in verità, il volto di quella donna le aveva ricordato la moglie del devoto scomparso da poco.

Amma spiegò che per lei è spesso così. Ovunque vada, i volti delle persone alle quali dà il darshan le ricordano quelli di altri devoti, che spesso vivono dall'altra parte del mondo. E anche le voci: il modo in cui parla una certa persona la fa pensare sovente a qualcun altro che vive in un Paese lontano. In questo modo, Amma disse che pensa sempre ai suoi figli sparsi per il mondo – anche se non possono esserle fisicamente vicini.

Capitolo 15

Osservatore e osservato

"Non possiamo smettere di esplorare: la fine della nostra esplorazione consisterà nell'arrivare al punto da cui siamo partiti e conoscere quel luogo per la prima volta".

– T. S. Eliot

Una volta, un generale decise di sferrare un attacco, anche se il suo esercito era numericamente inferiore. Egli confidava nella vittoria, ma i suoi uomini erano pieni di dubbi. Sulla via della battaglia, il generale prese una moneta e disse: "Adesso lancerò questa moneta e se uscirà testa, vinceremo, se uscirà croce, perderemo – il destino sta per rivelarsi".

Lanciò in aria la moneta e tutti guardarono intensamente a terra: testa! I soldati furono così felici e colmi di fiducia che attaccarono energicamente il nemico, riportando la vittoria.

Dopo la battaglia, un luogotenente fece notare al generale: "Nessuno può cambiare il destino".

"Più o meno", disse il generale mostrandogli la moneta che aveva una testa su entrambi i lati.

Il trucco del generale non aveva aggiunto né armi né uomini al suo esercito, aveva solo dato ai soldati la fiducia necessaria per perseverare. Cambiò il modo in cui essi vedevano se stessi e le proprie possibilità. Vinsero la battaglia perché credevano di potercela fare.

In modo simile, Amma dice: "Nel mondo vediamo quello che proiettiamo. Se lo guardiamo con occhi pieni di odio e vendetta, esso ci apparirà esattamente così. Ma se lo guardiamo con occhi pieni di amore e compassione, non vedremo che la bellezza di Dio ovunque".

C'è una leggenda popolare giapponese che illustra questo punto. Molto tempo fa, in un piccolo e remoto villaggio, c'era un luogo conosciuto come la Casa dei Mille Specchi. Un piccolo e allegro cagnolino venne a sapere di questo posto e decise di farvi visita. Appena arrivato, saltellò tutto contento su per le scale fino alla porta d'ingresso della casa. Con le orecchie tese e scodinzolando più che poteva, guardò attraverso la porta. Con sua grande sorpresa, si ritrovò davanti a mille altri cagnolini che scodinzolavano proprio come lui. Fece un largo sorriso al quale risposero mille sorrisi altrettanto cordiali e amichevoli. Lasciando la casa pensò: "Che splendido posto! Ci tornerò spesso".

Nello stesso villaggio, un altro cane, che non era felice come il primo, decise di fare visita alla stessa casa. Salì lentamente le scale, chinò la testa e guardò all'interno. Vedendo mille cani che lo fissavano in modo ostile, ringhiò, ma rimase atterrito davanti a mille piccoli cani che gli ringhiavano contro. Andandosene, pensò: "Che posto orribile, non ci tornerò mai più!".

Amma racconta di un esperimento condotto per accertare se questo mondo sia veramente come lo percepiamo. Alcuni ricercatori hanno dato a un giovane un paio di occhiali che alterano la visione e gli hanno detto di indossarli per sette giorni consecutivi. Durante i primi tre giorni, il giovane si è sentito molto nervoso perché la sua percezione era disturbata, ma dopo quel breve periodo, i suoi occhi si sono adattati perfettamente agli occhiali e il dolore e il disagio sono scomparsi del tutto. Quello che al principio gli aveva fatto sembrare strano e distorto il mondo, in seguito gli è sembrato normale. Amma dice: "In modo simile, ognuno di noi porta un diverso tipo di occhiali ed è attraverso tali lenti che vede il mondo".

Un giorno, un uomo ricco portò il figlio a fare un viaggio in campagna, con il proposito di fargli capire cosa fosse la povertà. Trascorsero un giorno e una notte nella fattoria di una famiglia molto povera. Al ritorno, il padre chiese al figlio: "Come ti è sembrato il viaggio?".

"Molto bello, papà", rispose il figlio con entusiasmo.

"E che cosa hai imparato?", indagò il padre pieno di aspettative.

Il figlio replicò: "Ho visto che noi, a casa, abbiamo un cane e loro ne hanno quattro. Noi abbiamo una piscina che occupa metà giardino e loro un ruscello senza fine. In giardino noi abbiamo dei lampioncini e loro hanno le stelle. Il nostro patio arriva fino al prato, mentre loro hanno tutto l'orizzonte". Il padre rimase senza parole, ma non era ancora finita, perché il figlio concluse gioiosamente: "Grazie, papà, per avermi mostrato quanto siamo poveri".

Sebbene il ragazzo e suo padre avessero gli stessi geni e vivessero nella medesima casa, avessero viaggiato insieme e visto le stesse cose, erano giunti a conclusioni completamente differenti.

Naturalmente, nella realtà oggettiva vi sono cose sulle quali possiamo tutti concordare. Se piove a dirotto, nessuno dirà mai: "Oh, che bel sole!". Ma anche se acquisissimo tutti la stessa mentalità e condividessimo la medesima opinione circa quello che guardiamo, i fisici moderni hanno scoperto che per noi essere umani sarebbe comunque impossibile avere un punto di vista veramente obiettivo. Per esempio, secondo il principio di indeterminazione di Heisenberg, non è possibile sapere contemporaneamente dove si trovi una particella sub-atomica e in quale direzione stia andando. Questo perché, quando si vuole osservare la posizione di una data particella sub-atomica, è necessario far rimbalzare su di essa un'altra particella – nella maggior parte dei casi, un fotone (particella di luce) e la collisione del fotone con la particella osservata disturba la traiettoria della stessa, proprio come una palla da biliardo che ne colpisce un'altra ne altera la traiettoria. Quindi, nell'atto vero e proprio dell'osservazione, l'osservatore cambia la realtà osservata.

Lasciando da parte la meccanica quantistica, la nostra abilità di fare un'accurata descrizione del mondo è molto limitata. Per esempio, gli esseri umani hanno sempre supposto che la nostra abilità di mappare il mondo fosse limitata solo dalla nostra pazienza e ingegnosità. Ma grazie a una tecnologia più sofisticata ora siamo consapevoli che l'universo è molto più vasto di quanto possiamo perfino iniziare a concepire. Abbiamo cominciato a renderci conto dei limiti dei nostri strumenti di percezione. A inibire un'accurata percezione, però, non sono soltanto i limiti dei sensi e della tecnologia, ma anche le nostre idee e i nostri concetti preesistenti. In effetti, tutti siamo psicologicamente disabili in un modo o in un altro, e in qualche modo questo è anche più invalidante di un handicap fisico, che almeno ci rende pienamente consapevoli dei nostri limiti. Se siamo convinti che la nostra mente e mentalità siano perfette – e non siamo consapevoli della nostra disabilità psicologica – non ci renderemo mai conto dei nostri limiti e trovandoci in circostanze difficili, in realtà prodotte da noi, ci chiederemo come possano essere accadute.

Una volta, a un esame finale di un corso universitario si presentarono più di 700 studenti. Il professore era molto severo circa i limiti di tempo dell'esame, e informò la classe che gli stampati che non si fossero trovati sulla sua cattedra entro due ore esatte non sarebbero stati accettati e gli studenti non avrebbero superato l'esame.

Dopo mezz'ora dall'inizio dell'esame arrivò uno studente che con molta calma chiese un modulo. "Non avrai il tempo di finirlo", affermò sarcastico il professore mentre glielo consegnava.

"Sì, ce la farò", rispose con sicurezza lo studente. Si mise a sedere e iniziò a scrivere con attenta determinazione.

Allo scadere delle due ore, il professore invitò a consegnare gli stampati e gli studenti, obbedienti, li raccolsero e glieli portarono; tutti, eccetto lo studente ritardatario, che continuò a scrivere. Trenta minuti dopo, costui andò dal professore e cercò di mettere il suo foglio d'esame sopra la pila degli altri che si trovavano già sulla cattedra. "Aspetta", lo fermò il professore. "Non lo accetterò. È troppo tardi".

Con un'espressione indignata, lo studente chiese: "Lei sa chi sono io?".

"No, in verità no", ammise allegramente il professore. "E, a essere onesti, non me ne importa un bel niente".

"Bene", rispose lo studente e, alzando la pila dei moduli d'esame, infilò rapidamente il proprio foglio in mezzo agli altri e si allontanò dall'aula.

Il professore realizzò solo troppo tardi di non avere informazioni sufficienti su quello studente. Mancandogli una visione accurata del mondo circostante, non fu capace di reagire nel modo appropriato.

Similmente, la maggior parte di noi accetta il mondo in cui vive come dato di fatto. Siamo decisi a ottenere successo e prosperità e non ci fermiamo a pensare se ne valga la pena, o se nella vita ci sia un significato più grande.

Naturalmente, ci sono eccezioni alla regola. C'è il famoso caso del protagonista del romanzo '*La Nausea*' (scritto dal filosofo esistenzialista Jean Paul Sartre), sopraffatto dallo shock e dall'orrore al pensiero di quante volte dovrà infilarsi le mutande per il resto della vita. Lo stesso personaggio è disgustato e pieno di repulsione verso quasi tutti gli eventi della sua vita e gli oggetti del mondo. A un certo punto, dice a un amico: "Siamo seduti qui, tutti noi, a mangiare e bere per conservare la nostra preziosa esistenza, e non c'è davvero nessuna, nessuna, assolutamente nessuna ragione per esistere". Gli esistenzialisti vedevano giustamente che siamo intrappolati in un mondo di forme – inseguiamo ed ingeriamo forme, critichiamo il comportamento e gli attributi di altre forme, finché la nostra stessa forma si sgretolerà e morirà.

Con questa intuizione, essi pensavano di vedere ciò che gli altri non vedevano, ma anch'essi non percepivano qualcosa, l'esistenza di una realtà divina e trascendente che, grazie allo sforzo sincero e alla grazia di Dio, può diventare una nostra esperienza personale. Come qualcuno che, nel contare i membri di un gruppo, dimentica di contare se stesso, così l'esistenzialista non indagava oltre la mente per scoprire l'Atma. Per questi filosofi, come per la maggior parte delle persone, la mente era il soggetto supremo e la vita sulla terra fatta di stimoli sensoriali sperimentati dalla mente, attraverso i sensi.

È vero che, rispetto al mondo esterno, la mente funziona come un soggetto. Ma nel suo significato ultimo, secondo il Vedanta, la mente è anche un oggetto, poiché noi siamo consapevoli dello stato della nostra mente – triste, felice, confusa, chiara, ecc. – e qualsiasi cosa di cui siamo consapevoli è un oggetto. Il Vedanta afferma che la mente è illuminata dall'Atma, ma i sensi e il mondo sono illuminati dalla mente proprio come la luce del sole può essere riflessa da uno specchio per illuminare un secondo oggetto.[1]

Nel constatare i limiti del mondo esterno e non vedendo oltre, gli esistenzialisti si fecero vincere dalla disperazione, dal dolore e addirittura dalla nausea. La loro fu una negazione negativa del mondo.

---

[1] Nel suo *Drg Drsya Viveka*, Shankaracharya lo spiega in questo modo: "La forma è percepita e l'occhio è ciò che la percepisce. L'occhio è percepito e la mente è ciò che lo percepisce. La mente con le sue modificazioni è percepita e il testimone è ciò che realmente la percepisce. Ma il testimone non è percepito da nient'altro".

Anche gli antichi rishi dichiararono "*Neti, neti*" (Non questo, non questo), negando il mondo come *mithya*, sempre mutevole e dunque illusorio nel significato ultimo del termine. Ma la loro fu una negazione positiva: dichiararono che tutto ciò che muta causa dolore e infelicità. C'è una cosa che non muta mai, l'Atma, la coscienza testimone. Soltanto identificandoci con Quello potremo essere veramente felici e in pace, non soggetti ai capricci dell'esistenza.

Nella *Brhadaranyaka Upanishad*, Yagnavalkya dice a Ushasta: "L'essenza interiore dell'intero universo è anche la tua essenza". Per scoprire la nostra essenza interiore, non abbiamo bisogno di andare chissà dove. Se un'onda sulla superficie del Mare Arabico vuole conoscere la propria essenza, non è necessario che viaggi fino all'Oceano Atlantico, basta che vada sotto la superficie e scoprirà di essere essenzialmente acqua.

Due persone si trovavano sulle due sponde opposte di un fiume impetuoso. Una gridò all'altra: "Come faccio ad attraversare?".

La persona sulla riva opposta rispose: "Che vuoi dire? Hai già attraversato!".

In modo simile, la realizzazione del Sé non significa intraprendere un viaggio; dobbiamo solo comprendere di essere già quello che stiamo cercando. Gli esistenzialisti videro una parte del dipinto; i fisici quantistici ne vedono un'altra parte. I teorici quantistici hanno postulato che ci sia un vasto oceano di energia nascosta – sul quale il mondo fisico non è altro che un'increspatura – che sostiene e dà origine alla realtà fisica. Questi scienziati hanno intuito che a livello energetico esso deve essere estremamente denso, così denso che potremmo esserne schiacciati, ma che, essendo privo di attrito, noi e i nostri strumenti non lo registriamo. Ci muoviamo in esso come un pesce nell'acqua e a esso dobbiamo la nostra esistenza.

Ciò può avvicinarsi a un'accurata descrizione di Brahman più di quanto non sia mai stato dichiarato dalla scienza moderna. Anche gli scienziati, però, possiedono solo una parte del dipinto – sospettano l'esistenza di Brahman, ma non viene loro in mente che questo sia il proprio vero Sé. Soltanto i rishi raggiunsero una visione olistica, incorporando i limiti del mondo esterno, la realtà assoluta di Brahman e la natura del nostro vero Sé inteso come Brahman medesimo.

Le persone dotate di una mente scientifica sono sempre orgogliose del proprio realismo ma, in verità, le uniche persone veramente realistiche sono i maestri illuminati come Amma, in grado di vedere la realtà così com'è. Come è detto nella *Mundaka Upanishad*: "Chi conosce Brahman (l'onnisciente, onnipresente, onnipotente pura Coscienza) diventa Brahman".

Questa è la differenza tra la conoscenza accademica e la conoscenza spirituale. Quando abbiamo appreso tutto quello che c'è da sapere sulla rana, non diventiamo una rana – a parte nelle favole. Ma quando abbiamo veramente capito la natura di Brahman, *diventiamo* Brahman. Come dice Amma circa la persona realizzata: "Piuttosto che parlare dello zucchero, o assaggiarlo, questa persona diventa zucchero – la dolcezza stessa". La separazione tra osservatore e osservato si dissolve completamente, essi diventano la stessa cosa.

Dunque, solo quando realizzeremo la nostra vera natura come Coscienza che pervade tutta la creazione saremo davvero capaci di vedere chiaramente. Fino ad allora sarà come guardare attraverso una finestra sporca e appannata.

Proprio come la nostra visione della realtà è necessariamente limitata dai nostri strumenti di percezione e distorta dalla nostra mentalità personale, altrettanto limitata è la nostra visione della natura delle parole e delle azioni di un vero maestro. Ancora una volta, i limiti dell'osservatore ostruiscono la corretta percezione di ciò che viene osservato, fino a quando, purificando la nostra mente per mezzo della contemplazione e delle pratiche spirituali, non saremo in grado di percepire più chiaramente le autentiche intenzioni del guru.

Lo stile con cui Amma insegna e impartisce la conoscenza è molto sottile. Non ci sono grandi dichiarazioni, pompa o ostentazione. Tutto è molto naturale, spontaneo e umile. In apparenza, alcune azioni di Amma possono sembrare insignificanti, così che forse le sottovalutiamo e diamo per scontate, ma in ogni momento, in ogni parola e in ogni azione c'è un insegnamento. Per coglierlo, abbiamo bisogno semplicemente di uno sguardo acuto e della giusta consapevolezza.

Per esempio, recentemente Amma ha parlato del crescente inquinamento e dei problemi relativi all'ambiente in tutto il mondo. Una delle soluzioni possibili da lei menzionate è stata il riciclo della plastica che, non essendo biodegradabile, rimarrà nel terreno per migliaia di anni. Una residente dell'Ashram ha preso a cuore tale suggerimento, e ha iniziato a pensare ai modi in cui riciclare la plastica morbida, che è generalmente considerata inutile e viene bruciata o portata nelle discariche. Improvvisamente, un giorno, le venne in mente che forse era possibile tessere la plastica per farne qualcosa di utile. Dopo una lunga sperimentazione, ha iniziato a tessere delle belle borse e dei sandali ricavati dai sacchetti di plastica usati. Quando alcuni campioni sono stati mostrati ad Amma, i suoi occhi brillavano come quelli di una madre orgogliosa, e disse a tutti di essere molto felice che i suoi figli dimostrassero una simile profondità e ingegnosità. "Amma è molto compiaciuta da questi sforzi dei suoi figli per trasformare i rifiuti in ricchezza", ha detto Amma in quell'occasione. "Magari pensate che si tratti solo di un piccolo gesto, ma grazie a esso i cuori sbocciano e poi altri individui saranno ispirati a imitarlo. Ciò può apportare significativi mutamenti nella società".

Migliaia di persone avevano sentito il commento di Amma circa l'opportunità di riciclare la plastica, ma la maggior parte di loro non l'aveva recepito. Solo una persona ebbe l'acume mentale di assorbirlo realmente e tradurlo in azione produttiva.

A causa delle nostre vedute limitate, spesso non riusciamo a vedere il fine che sta dietro le azioni di Amma. Prima della festa di Onam del 2007, le donne di alcune cooperative di auto-aiuto fondate da Amma vollero organizzare dei festeggiamenti ad Amritapuri. Il programma includeva una competizione per il miglior *pookalam* (disegno floreale tradizionale), dei canti tradizionali, il gioco della sedia e il tiro alla fune. Era previsto che il programma si svolgesse nell'auditorium dell'Ashram, mentre il darshan di Amma era programmato nel tempio, come accade di consueto nei giorni infrasettimanali.

Solo mezz'ora prima dell'inizio del programma, Amma annunciò improvvisamente che avrebbe dato il darshan nell'auditorium. Questo colse alla sprovvista le organizzatrici delle celebrazioni di Onam, che avevano già predisposto la sala per gli eventi del giorno. Poiché il darshan di Amma si sarebbe svolto lì, non avevano idea di che cosa sarebbe accaduto al programma di Onam. Alcune partecipanti, sentendo la novità, furono contrariate al pensiero che potesse essere disturbato o cancellato.

Ma quando Amma arrivò sul palco, iniziò immediatamente a dare istruzioni su come sistemare le sedie in modo che il maggior numero possibile di persone potesse seguire il programma. Inoltre, invitò tutti i residenti dell'Ashram, i visitatori e anche gli studenti a parteciparvi. Più tardi, quando notò che le organizzatrici stavano pensando di designare, come giudici delle competizioni, alcuni ospiti illustri provenienti da altre parti dell'India e dall'estero, Amma rilevò che sarebbe stato meglio se avessero ristretto la scelta a persone del Kerala, perché maggiormente in grado di apprezzare appieno le forme di arte tradizionale e le celebrazioni di Onam.

Tutte queste indicazioni e direttive vennero date nel bel mezzo dello svolgimento del darshan.

Le donne che avevano eseguito i disegni floreali non si erano neppure sognate che Amma sarebbe andata a vederli, ma poiché i pookalam erano stati realizzati al centro della sala, dalla sua posizione sul palco Amma poté averne una chiara visuale. Anche gli altri aspetti del programma furono allestiti in modo che Amma e tutti i presenti potessero vederli. I cuori dei partecipanti al programma battevano di gioia davanti alla possibilità di esibirsi per Amma.

Alla fine, dopo l'annuncio dei nomi dei vincitori della gara dei pookalam, Amma disse al microfono: "Non si scoraggino coloro che non hanno vinto un premio. Avete tutti svolto il vostro lavoro con un'attitudine di devozione, ripetendo il mantra, e Dio ha accettato le vostre offerte".

I partecipanti e alcune organizzatrici avevano pensato che la decisione improvvisa di Amma avrebbe rovinato il programma: non furono in grado di vedere il quadro completo. In realtà, se Amma avesse dato il darshan nel tempio, il programma sarebbe stato visto da non più di duecento persone, da amici e familiari, mentre così ci furono migliaia di spettatori provenienti da tutto il mondo e Amma stessa fu presente al programma. Se non fosse andata a dare il darshan nell'auditorium, la celebrazione di Onam sarebbe stata niente di più che una cerimonia formale, ma con la sua presenza divenne una vera celebrazione, e tutti i partecipanti ritornarono a casa col cuore pieno di gioia.

Alcuni anni fa, mentre Amma stava dando il darshan, un devoto che viaggia spesso con lei cantò un bhajan. Era la prima volta che cantava per Amma: la sua voce era proprio stonata e anche il ritmo era tutt'altro che perfetto. Quella sera, alla fine del darshan, mentre accompagnavano Amma nella sua stanza, gli altri membri dello staff, che erano molto in confidenza con lui, lo

stuzzicarono bonariamente per la sua goffa esibizione, puntualiz-
zando ciascuno un diverso sbaglio. All'improvviso, Amma si girò
e commentò: "Anche se il suo canto non è piaciuto a nessuno di
voi, Dio l'ha gradito". A quelle parole, tutti tacquero.

Mentre le altre persone che avevano ascoltato il canto del
devoto erano riuscite solo a sentire gli errori a livello superficiale,
Amma aveva percepito l'innocenza nel cuore del devoto. Amma
dice che è proprio questa la reale innocenza che manca alla maggior parte di noi. "Quando vediamo un arcobaleno, o le onde
dell'oceano, proviamo ancora la gioia innocente di un bambino?
Un adulto che vede in un arcobaleno solo strisce luminose non
conosce la gioia e la meraviglia di un bambino che guarda l'arcobaleno o che osserva le onde di un oceano".

L'anno scorso, alla fine dei tre giorni del programma di Mona-
co, dopo la conclusione del darshan del Devi Bhava, Amma stava
passando tra la moltitudine dei suoi figli, quando vide che, vicino
all'auto, la stava aspettando un grappolo di palloncini a forma
di cuore, gli stessi che erano serviti per decorare la sala, ognuno
stretto nella mano degli uomini, donne e bambini in attesa di un
ultimo sguardo della loro amata madre.

Sebbene avesse dato il darshan senza interruzione per molte
ore, Amma si fermò, visibilmente deliziata dai palloncini a forma di cuore. I palloncini erano gonfiati con l'elio e un devoto,
lasciandone volare uno, mostrò ad Amma come potesse alzarsi
non solo fino a 30 o 40 metri di altezza, ma molto più in alto nel
cielo, oltre le cime degli alberi e degli edifici più alti della città.
Davanti a ciò, Amma diventò come una bambina piccola, batté
le mani e lanciò dei gridolini di entusiastica delizia.

Cominciò a prendere i palloncini a cuore dalle mani dei
devoti che erano intorno a lei, uno a uno e poi in gruppi di due,
tre, cinque e dieci, e li lasciò volare in cielo. Per chi era vicino a
lei, la vista della miriade di cuori che si libravano come uccelli

nel cielo fu magnifica, ma ancora più splendida fu la risposta di Amma – il suo coinvolgimento totale in quello spettacolo. Amma dice: "L'innocenza di un bambino dentro di voi è Dio". Per Amma ogni cosa è nuova, e la meraviglia della creazione di Dio può essere trovata anche nelle piccole cose.

Amma appariva completamente catturata dalla vista dei luccicanti cuori rossi contro lo splendente cielo azzurro. Col capo all'indietro, continuò a guardarli a lungo.

Mentre i devoti lentamente si disperdevano, un ultimo palloncino, che non aveva abbastanza elio per volare, rimase sul terreno. Su di esso, erano scritte in tedesco le parole *"Mögen eure Herzen erblühen"* – Possano i vostri cuori fiorire. L'ultimo palloncino sembrò essere rimasto a terra per lasciare un messaggio ai devoti: "Quando i nostri cuori sbocciano con l'innocenza di un bambino, possiamo davvero innalzarci alle altezze della realizzazione del Sé".

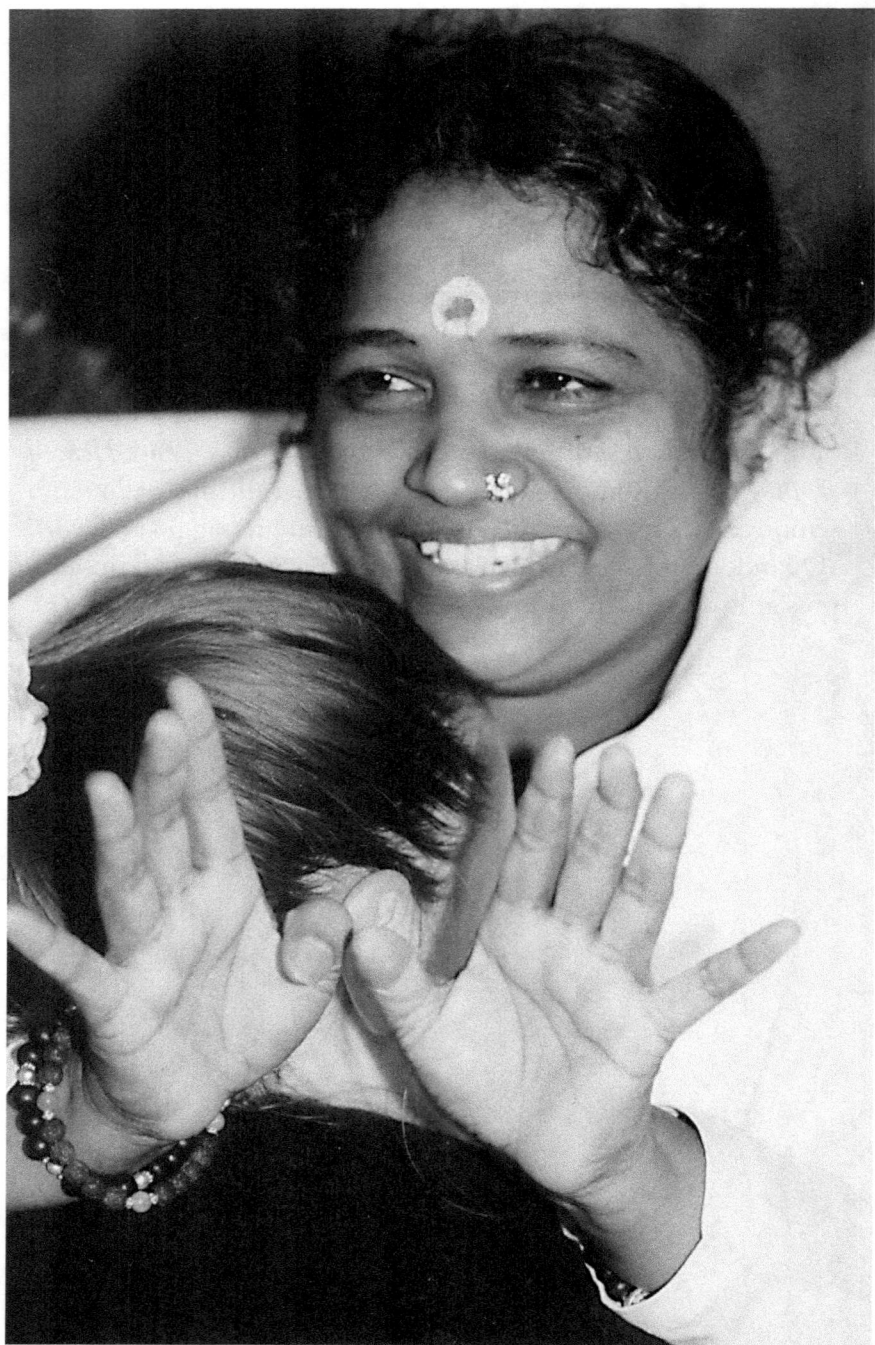

Capitolo 16

Come Amma vede il mondo

*"Se mi chiedete: 'Chi è Dio?', ecco, siete voi il mio Dio. Il
vento, il mare, il ruggito di un leone, il canto del cuculo –
tutto è Dio per me".*

– Amma

Anche se abbiamo letto molti racconti relativi ai maestri
spirituali, può sorgere la domanda: "Com'è un maestro
nella vita reale? Ne riconosceremmo uno se lo vedessimo?
Come lo individueremmo e come ne saremo certi?".

Proprio questa domanda fu posta da Arjuna a Sri Krishna
nella *Bhagavad Gita*:

*stithaprajñasya kā bhāṣā samādhisthasya keśava
sthitadhīḥ kiṁ prabhāṣeta kiṁ āsīta vrajeta kim*

O Signore, qual è la descrizione di chi possiede ferma
saggezza, immerso nel samadhi? Come parla chi è stabile
nella saggezza, come siede, come cammina?

(2.54)

Anche Arjuna spera in una descrizione fisica del vero maestro.
Ma Sri Krishna chiarisce che non è l'aspetto fisico che conta – non
c'è un segno fisico di riconoscimento spirituale – e a farci riconoscere un maestro è piuttosto il suo comportamento. Nei versi
seguenti, Sri Krishna chiarisce le caratteristiche più importanti
dello *jnani*, di chi, cioè, è stabilito nel Sé. Sri Krishna spiega che

lo jnani è assolutamente autosufficiente – appagato nel Sé dal Sé – e perciò libero da tutti i desideri e attaccamenti. Essendo libero da desiderio, paura e collera, non è angosciato nella disgrazia né deliziato nella buona sorte. Chi conosce Amma sa che questa affermazione la descrive perfettamente.

Ora che abbiamo una chiara descrizione del vero maestro, vale la pena chiederci perché il vero maestro sia così com'è. Non è perché possieda qualche oggetto che noi non abbiamo, né perché esista in una dimensione diversa dalla nostra. Non è il suo aspetto fisico, ma il modo in cui un maestro guarda il mondo a fare la differenza.

Alla fine Sri Krishna dice:

yā niśā sarvabhūtānāṁ tasyāṁ jāgarti saṁyamī
yasyāṁ jāgrati bhūtāni sā niśā paśyato muneḥ

Ciò che è notte per tutti gli esseri, è giorno per lo jnani,
Ciò che è giorno per tutti gli esseri, è notte per lo jnani.

(2.69)

Questo non significa che il vero maestro stia alzato tutta la notte, anche se nel caso di Amma ciò è certamente vero. Qui, Sri Krishna usa la notte come analogia per la dualità e il giorno come analogia per la non-dualità. Così, ciò che è irreale per tutti gli esseri – la non-dualità – è reale per lo jnani, e ciò che è reale per tutti gli esseri – il mondo della dualità – è irreale per lo jnani. Dove noi vediamo un mondo di differenze e divisione, il vero maestro vede solo Brahman, il substrato invisibile di tutta la creazione.

Provate a immaginare: fa un caldo insopportabile. State lavorando in ufficio senza ventilatore o aria condizionata da otto ore filate ed è chiaro che non potrete alzarvi dalla vostra scrivania neppure per le successive otto. Non dormite da 30 ore, e anche lì si è trattato comunque solo di un'ora e mezza di riposo. Inoltre, non avete mangiato per tutto il giorno, e il vostro ultimo pasto sono state poche cucchiaiate di cibo. Come parte del vostro "lavoro", tutti vi confidano senza sosta i loro problemi e si aspettano che voi li risolviate. E sapete che domani sarà la stessa cosa, e così il giorno dopo, e quello dopo ancora, per tutto il resto della vostra vita. Eppure, il sorriso non abbandona mai il vostro volto. A ciascuno parlate con lo stesso amore e attenzione che riservereste a vostro figlio. Irradiate pace, amore, felicità e bellezza.

Questo è il ritratto di un giorno della vita di Amma. Quando i giornalisti le chiedono: "Qual è il suo segreto? Come fa a continuare così giorno dopo giorno, senza neanche sentire la stanchezza?", lei risponde sempre: "Io non sono come una batteria che dopo essere stata usata per un po' si scarica. Sono collegata alla sorgente eterna dell'energia".

"Va bene", continua la consueta fila di domande, "posso capirlo, ma perché *vuole* fare tutto questo? Se io fossi altrettanto pieno di energia, ci sarebbero tante altre cose che preferirei fare, piuttosto che ascoltare tutto il giorno i problemi delle persone. Non si annoia?".

Amma spiega: "Prendersi cura dei bambini è un peso per una babysitter, ma per una madre non diventa mai stancante o noioso".

L'Advaita Vedanta, la più alta filosofia spirituale indiana, insegna che nel significato ultimo questo mondo non è reale. E dalla vetta della realizzazione, un mahatma come Amma potrebbe scegliere di vederlo a quel modo, di guardare a tutto ciò che vi accade come a un mero miraggio. Amma valuta ciò che riguarda se stessa – il bisogno di cibo, di riposo, il dolore fisico che può provare – esattamente così: irreale, una mera illusione. Ma quando si tratta del dolore dei suoi figli, delle nostre sofferenze, dei nostri bisogni, Amma si libera di questa filosofia e scende al nostro livello per sostenerci, asciugarci le lacrime e offrirci tutto ciò che ci serve in termini di amore e compassione.

Benché Amma sia stabilita nella realtà assoluta, non respinge le nostre necessità e i desideri sinceri affermando che tutto è un'illusione. Amma dice: "Quando qualcuno viene da voi con un terribile mal di testa, che senso ha dirgli: 'Non sei il corpo, la mente o l'intelletto – tu sei oltre'? In che modo ciò potrà essergli d'aiuto? Dobbiamo fare il possibile per alleviare il suo dolore o portarlo da un medico". In modo simile, quando la gente va da Amma a confidarle i suoi problemi, lei fa tutto quello che può per trovare una soluzione. Ogni suo progetto umanitario è stato una risposta al grido di dolore dei suoi figli. E non le basta dare soltanto ciò che le persone chiedono. Dopo lo tsunami, ad esempio, gli abitanti dei villaggi costieri vennero da Amma a cercare cibo e riparo e li ricevettero. Ma oltre a questo, Amma li ha aiutati a diventare autosufficienti. Dopo aver subito un tale terribile disastro, non sognavano neppure l'indipendenza economica, eppure alla fine, Amma li ha aiutati a trasformare l'economia dell'intero villaggio, tanto che la maggior parte delle persone sta finanziariamente meglio ora che prima del disastro.

Durante il tour del nord India del 2004, Amma tenne un programma di una notte in una città nord-occidentale. Come al solito, Amma arrivò al tramonto e continuò a dare il darshan per tutta la notte, terminando poco prima dell'alba. Pochissime persone avevano già incontrato Amma, perciò i presenti non si potevano definire veramente dei devoti; perfino il proprietario della casa in cui stava Amma non l'aveva incontrata mai prima. Una cinquantina di amici dell'ospite arrivarono per ricevere un darshan privato non preannunciato, prima che Amma si recasse sul luogo del programma. Amma si trovava in una stanza del secondo piano e queste persone avevano occupato le scale per essere certe che non se ne andasse senza benedirle.

Poiché il tempo passava, cominciarono ad agitarsi un po', non gradivano aspettare così tanto e pensavano che Amma stesse cercando in qualche modo di uscire di soppiatto senza incontrarle. Cominciarono allora a spiegare chiaramente che in un modo o nell'altro avrebbero avuto il darshan di Amma.

Quando circolò la voce che Amma stava per uscire, rifiutarono perfino di fare spazio per consentirle di scendere le scale. Nessuno riuscì a farli muovere nemmeno di un millimetro. Gli swami erano veramente preoccupati che Amma potesse farsi male in mezzo a persone tanto turbolente.

Quando Amma uscì dalla sua stanza, la gente impazzì. La scena era puro caos: si spinsero tutti insieme verso Amma, ma il sorriso non abbandonò mai il suo volto. Ella non evitò nessuno. Amma si muoveva nella calca, letteralmente attirando le persone tra le sue braccia mentre avanzava.

Dieci minuti dopo era in auto, diretta verso il luogo del programma dove, per tutta la notte, avrebbe dato il darshan a migliaia di persone. Naturalmente, non era rimasta ferita.

Durante il tragitto in auto, qualcuno sottolineò il modo rozzo in cui si erano comportate quelle persone. Gli swami e gli altri che viaggiavano con Amma erano davvero arrabbiati, increduli di fronte all'egoismo e alla bassezza di cui erano stati testimoni, all'impazienza e a un comportamento che aveva sfiorato la violenza fisica.

Quale fu il commento di Amma? Come aveva percepito la cosa?

"Amore". Dal sedile posteriore dell'auto, questa fu l'unica parola a commento di quello che aveva visto. Noi vi avevamo visto intemperanza, Amma vi aveva visto Amore, soltanto Amore.

Quando osserviamo il modo in cui Amma vive, è evidente che vede più in là di tutti noi, in ogni situazione e in ogni campo della vita.

Più avanti, nello stesso tour, a Jaipur, una città del Rajasthan, nell'India settentrionale, Amma fece visita al governatore, il quale, ispirato dall'esempio di Amma, distribuiva ogni settimana un aiuto economico ai poveri e agli emarginati del suo stato. Aveva invitato Amma nella sua casa perché riversasse il suo amore sulle persone che si riunivano lì ogni settimana sperando di ricevere assistenza finanziaria.

Tra i molti presenti cui Amma diede il darshan, c'era un ragazzino di sette anni, il quale era stato sorpreso dalle fiamme in un incendio che qualcuno aveva appiccato alla capanna dei suoi genitori, a seguito di una disputa relativa alla proprietà. Non aveva più occhi, né orecchie e, al posto del naso, solo un foro grande quanto un bottone. La vista di quel bambino fece piangere tutti, ma in quanto ad abbracciarlo... Baciare la sua guancia disfatta come fosse il fiore più delicato? È qualcosa che solo un mahatma come Amma, che vede tutto come il proprio Sé, può fare. Soltanto quando vediamo e amiamo tutto come il nostro Sé riusciamo a vivere nel mondo senza provare repulsione o avversione.

Nel *Purusha Suktam* è detto:

sahasra śīrṣā puruṣaḥ
sahasra-akṣaḥ sahasrapāt

Migliaia di teste ha la Persona Cosmica.
Migliaia di occhi ha, e migliaia di gambe. (1)

Un anno, durante il tour del nord India, Amma si era fermata a un fiume e stava nuotando con i suoi figli quando, mentre era occupata a lavare uno a uno i loro visi, all'improvviso si verificò un grande scompiglio. Due brahmacharini erano state portate via dalla corrente e si agitavano disperatamente nell'acqua. Nella tensione del momento, cominciarono ad aggrapparsi l'una all'altra, trascinandosi reciprocamente a fondo. Un devoto occidentale si tuffò e con grande fatica le riportò a galla e poi a riva. Amma chiese a tutti di uscire immediatamente dall'acqua ma, anche dopo che ebbero ubbidito, rimase sulla riva con un'espressione preoccupata sul volto. Sebbene le ripetessero che nel fiume non era rimasto più nessuno, Amma continuava a insistere: "Uno dei miei figli è ancora in acqua!". Ma nessuno emergeva, e dopo un rapido conto fu verificato che tutte le persone presenti erano effettivamente uscite dall'acqua. Alla fine, Amma si avvicinò a una devota occidentale di vecchia data e le disse: "Stai molto attenta". Questa donna non sapeva nuotare e cominciò a preoccuparsi per quell'avvertimento. Più tardi, quella notte, scrisse le parole di Amma nel suo diario.

Alcuni giorni dopo, quella stessa donna parlò al telefono con suo padre, che era stato in vacanza ai Carabi. Egli le raccontò di aver visto la morte in faccia mentre stava nuotando nell'oceano. All'improvviso una corrente marina lo aveva trascinato in alto mare. Le onde lo stavano spingendo sotto, lui aveva chiamato disperatamente un amico affinché lo salvasse, ma non c'era modo di aiutarlo. Comprendendo l'inevitabilità della morte, l'uomo invocò Amma. Alla fine, smise di lottare e si abbandonò al suo destino. Con stupore, le onde lo riportarono semplicemente a riva e lo depositarono sulla spiaggia.

Quando confrontò il momento dell'incidente del padre con l'episodio sul fiume in India, la donna comprese che i due fatti erano accaduti simultaneamente e capì che Amma si riferiva a suo padre mentre diceva: "Uno dei miei figli è ancora in acqua".

Recentemente, un team televisivo si è recato all'Ashram di Amma e ha deciso di intervistare uno dei residenti incaricato di coordinare la loro visita. Durante l'intervista, egli raccontò che prima di conoscere Amma la sua preoccupazione principale era stata accrescere il proprio comfort e felicità, ma che adesso, ispirato dall'esempio di Amma, voleva solo servire il mondo. Dopo che la troupe televisiva lasciò l'Ashram, il giovane disse ad Amma che non avrebbe voluto comparire davanti alla cinepresa, ma che il corrispondente aveva insistito per intervistarlo. Amma replicò:

"Se tu avessi offerto davvero la vita al mondo, in te non sarebbe rimasto più ego e non farebbe alcuna differenza stare davanti o dietro a una macchina da presa". La ferrea logica di Amma lasciò il giovane senza parole. Ma Amma non aveva ancora finito con lui, perché aggiunse: "In ogni caso, c'è un'altra telecamera che ti osserva sempre".

Questo mi ricorda un fatto accaduto nei primi anni dell'Ashram. Uno dei nuovi residenti dell'Ashram stava raccontando ad Amma i problemi che affrontava. "Non preoccuparti, figlio mio, Amma è sempre con te", lo consolò.

"Lo so", scherzò l'uomo. "È questo che mi preoccupa di più!".

Abbiamo imparato già da molto tempo che non possiamo nascondere nulla ad Amma. Un giorno, un devoto le offrì un sacchetto di biscotti e, senza aprirlo, Amma chiamò un residente dell'Ashram e gli disse: "Figlio, metti da parte questi biscotti, li mangeremo tutti insieme stasera". Il giovane prese il sacchetto e andò nella sua capanna, lo aprì e vi trovò cinque pacchetti di biscotti. Ne prese uno e lo nascose sul tetto della capanna tra le foglie di cocco.

Quella sera, Amma chiese i biscotti per distribuirli come prasad. Il giovane portò il sacchetto, mancante del pacchetto nascosto nella sua capanna. "Figlio, qui ci sono soltanto quattro pacchi, dov'è il quinto?".

Il ragazzo non disse niente, ma rimase paralizzato, come chi viene colto con le mani nel sacco. Infine, Amma si alzò, si diresse verso la capanna del giovane, andò a colpo sicuro verso il nascondiglio nel tetto e recuperò il pacchetto mancante. Durante la cena, poi, raccontò tutta la storia, spiegando di aver dato al giovane il sacchetto coi biscotti come test per il suo egoismo. Nonostante non avesse superato la prova, egli imparò la lezione e da quel giorno non ha mai più preso nulla che non gli appartenesse.

Alcuni anni fa, una devota e sua figlia adolescente erano in viaggio verso l'Ashram di Amma in India. Erano in volo tra Singapore e Trivandrum, dove intendevano prendere un taxi che in tre ore, percorrendo la costa occidentale, le avrebbe portate all'Ashram. Avevano terminato il loro pasto e l'assistente di volo stava giusto ritirando i vassoi quando, all'improvviso, l'aereo entrò in una terribile turbolenza, scosso da violenti sussulti a sinistra e a destra, su e giù.

Lo stomaco della devota sobbalzò, e l'aereo cominciò a precipitare verso terra. L'aereo non scese in picchiata, ma *cadde* in meno di un minuto da un'altitudine di 10.000 metri a 6.000. Per un breve momento, in cui i passeggeri si guardarono e tirarono un sospiro di sollievo; tutto sembrava tornato alla normalità, ma proprio allora, l'aereo cominciò a precipitare.

Le maschere per l'ossigeno calarono davanti ai passeggeri, ma nessuno le utilizzò. La devota e sua figlia guardarono l'hostess, sperando in uno sguardo di rassicurazione, ma ciò che videro fu panico assoluto. Le figlie di Amma iniziarono a pregare.

Una sorta di pace le avvolse. La ragazza, più tardi, ricordò che nel vedere fuori dal finestrino il veloce avvicinarsi del profondo mare blu, non provò paura.

Infine, a tremila metri dall'acqua, l'aereo ritrovò l'assetto di volo orizzontale. Pochi minuti dopo, dagli altoparlanti, la voce del pilota, sfumata da un nervoso sollievo, disse: "Andrà tutto bene. Vi chiediamo gentilmente di rimanere seduti... e di non saltare giù dall'aereo!". Il pilota non spiegò perché l'aereo fosse sceso in picchiata, o come fossero riusciti ad uscire da quella situazione. Atterrarono tutti sani e salvi e senza ulteriori incidenti.

Quando arrivarono all'Ashram, le due devote andarono al darshan e raccontarono ad Amma quello che era successo. Amma non disse nulla, le strinse forte per un tempo che sembrò straordinariamente lungo. L'attendente di Amma, più tardi, disse loro che, prima di scendere per il darshan del mattino, Amma era stata di umore molto assorto. Si era dondolata avanti e indietro, mormorando: "Che scosse, che scosse...". E aveva pronunciato il nome della devota.

Anche nel campo oggettivo della realtà c'è molto che Amma può vedere e che è invisibile ai nostri occhi. Durante il suo primo tour mondiale, la notte dell'arrivo a Santa Fe, Amma rimase sveglia tutta la notte. Al mattino spiegò di avere visto molti esseri sottili dallo strano aspetto che erano venuti a ricevere le sue benedizioni. Quando le fu chiesto che aspetto avessero, Amma rispose che avevano il tronco di un animale e le gambe di un essere umano.

In una delle stanze della casa in cui era ospite Amma, c'erano diverse statuette che corrispondevano esattamente alla descrizione di Amma. Il padrone di casa le teneva in mostra solo come ornamento, ma risultò che si trattava di immagini di divinità, i *kachinas,* venerati dalle tribù locali dei Nativi Americani. Sentendo i commenti di Amma, capì che non si trattava di mere statuette ornamentali, come vengono considerate al giorno d'oggi in quasi tutto il mondo, ma di esseri sottili che esistono veramente e possono essere visti da chi possiede una percezione sottile.

Anche in India Amma ha rivelato la sua più profonda comprensione intuitiva della tradizione spirituale. Ad esempio, sebbene per molti secoli la consuetudine indiana abbia proibito alle donne di compiere l'adorazione rituale nei templi, Amma stessa ha concepito un nuovo tipo di tempio e di culto, e negli ultimi 20 anni ha inaugurato circa 18 templi di questo tipo. Alcune brahmacharini, comprese le occidentali cui normalmente è proibito perfino l'ingresso nel sancta-sanctorum di un tempio, sono state istruite su come eseguire i riti di adorazione in un tempio. Terminata la loro preparazione, Amma ha inviato queste brahmacharini nei vari distaccamenti dell'Ashram. A volte, qualcuno chiede quali precetti delle Scritture Amma possa offrire a sostegno di tutto questo. Amma risponde che l'autorità delle Scritture deriva dalle parole dei mahatma e che, dunque, questi stessi mahatma hanno l'autorità di apportare le necessarie modifiche nelle varie epoche, per accordarsi con le necessità del tempo e del posto.

Nella *Bhagavad Gita*, il Signore Krishna dice:

yāvān artha udapāne sarvataḥ saṁplutodake
tāvān sarveṣu vedeṣu brāhmaṇasya vijānataḥ

Per un essere illuminato, i Veda sono utili
quanto una tanica d'acqua in un'alluvione.

(2.46)

Questo non significa che i veri maestri non seguano o non rispettino le Scritture, ma che non hanno bisogno di queste come guida. Essi hanno già conseguito la Conoscenza suprema descritta dalle Scritture.

Con la sua visione universale, Amma può vedere facilmente oltre le diversità superficiali delle tradizioni religiose del mondo. Ecco perché non chiede mai a nessuno di cambiare religione, ma di approfondire la propria fede, scoprendone principi essenziali e vivendo in accordo con essi.

Durante uno dei tour americani, il gruppo che viaggiava con lei allestì uno spettacolo di canti e danze che rappresentava le maggiori tradizioni religiose del mondo. Purtroppo, la persona che doveva impersonare una particolare religione si ammalò. Nessuno se ne accorse, ma al termine della rappresentazione, Amma fece notare che era stata tralasciata una delle religioni principali e, nel mezzo del darshan, si esibì lei stessa – intonando un canto devozionale di quella tradizione. Solo allora fu rappresentata l'intera gamma delle fedi del mondo.

Oltre una dozzina di anni fa, prima che il riscaldamento globale e la crescente disarmonia dei ritmi naturali diventassero il centro dell'interesse nella consapevolezza pubblica, l'intuizione profonda di Amma sul funzionamento di Madre Natura fu la base del suo monito che l'umanità non poteva continuare lungo quel sentiero. "Non c'è più pioggia quando dovrebbe piovere, oppure piove poco, o troppo, troppo presto o troppo tardi. Lo stesso vale per il bel tempo. Oggigiorno, gli esseri umani cercano di sfruttare la Natura, ecco perché ci sono alluvioni, siccità e terremoti, e tutto si sta distruggendo".

Amma vide anche una causa nascosta nella crescente disarmonia della natura: fece notare che, perfino più dannose del fumo nero emesso dalle industrie, sono le nuvole scure dell'egoismo, dell'odio e della rabbia che dimorano nel cuore degli uomini, e che non solo le azioni dell'umanità, ma anche i suoi pensieri e parole hanno un impatto diretto sulla Natura. "C'è un terribile declino nella qualità della vita. Molte persone hanno perso la fede, non provano né amore né compassione, ed è andato perduto lo spirito di gruppo, di operare insieme, mano nella mano, per il bene di tutti. Questo avrà un cattivo effetto sulla Natura. Essa ritirerà le sue benedizioni e si rivolterà contro l'umanità. Se l'umanità continuerà in questo modo, la reazione della Natura sarà inimmaginabile".

Amma dice che la Natura continua ad essere molto agitata: non siamo affatto fuori pericolo. Amma afferma che senza un significativo cambiamento nel comportamento e nelle attitudini degli esseri umani, la Natura continuerà a seminare distruzione. Amma chiede spesso ai suoi devoti di pregare affinché la fresca e gentile brezza della grazia divina soffi via le nuvole oscure della collera, dell'odio e della negatività dal cuore degli esseri umani.

E recentemente, ella ha consigliato una serie completa di passi concreti e pratici – dalla piantagione di alberi all'uso in comune delle automobili, dal risparmio di acqua e carta al riciclo della plastica – che sono già in via di attuazione in tutto il mondo da parte dei suoi devoti. Questo avrà uno straordinario impatto positivo sulla Natura e aiuterà a restituire al nostro pianeta il suo stato originale di armonia e ordine naturale.

A Chidambaram, nel Tamil Nadu, c'è un antico tempio che mette in luce la vasta visione del Sanatana Dharma. In quel tempio, anziché ricevere il darshan di Dio attraverso la contemplazione di un idolo, si entra veramente in Dio. Nel tempio esiste uno spazio fisico – *akasha linga* – che è considerato la manifestazione di Dio. Così quando una persona entra nella stanza, letteralmente entra in Dio, cammina in Dio, respira Dio, percepisce dentro e fuori il mistero che è Dio. Il tempio è un insegnamento sulla natura onnipervadente di Dio.

Questa è stata la visione di Amma fin dal momento della sua nascita. Amma dice di essere venuta in questo mondo vedendo chiaramente come ogni cosa dentro e intorno a lei fosse satura di Dio, come dentro e fuori non ci sia altro che la coscienza divina che tutto permea.

Non che Amma non veda la differenza tra piante, animali, alberi, fiumi e stelle, o tra le persone che vanno e vengono tra le sue braccia. Amma vede tutto questo proprio come lo vedo io e come lo vedete voi, ma ella capisce anche che tutte queste cose apparentemente diverse in verità sono una, e che anche le particelle subatomiche più infinitesimali, per dirla in breve, sono Dio e Dio soltanto.

È questo il segreto dietro la vastità della compassione di Amma, che non ha limiti perché il senso di Sé di Amma non ha limiti ed è onnipervadente, come lo spazio. Nella mente di Amma non c'è una linea di confine dove finisce lei e cominciamo noi.

Tale non-dualità è la visione di Amma, e il risultato è che quando lei vede qualcuno che soffre, immediatamente si avvicina per confortarlo. Perché? Perché non lo vede separato da sé. Quando vede qualcuno senza una casa, vuole dargliene una, quando vede qualcuno che non può permettersi un'istruzione adeguata, vuole offrigli i mezzi per studiare. Quando vede qualcuno senza cibo, vuole nutrirlo, quando vede qualcuno senza amore, vuole amarlo. Per Amma, l'impulso di aiutare gli altri è naturale quanto quello di asciugare le lacrime che scendono lungo le sue guance. Per Amma non ci sono differenze. Questa è la ragione per cui i veri maestri come Amma servono il mondo e, come lei dice, vivono per i loro discepoli e devoti: vedendo ognuno e ogni cosa come se stessi, il loro amore e la loro compassione scorrono senza sosta verso l'intero universo.

La scorsa estate, nel corso di una sessione di domande e risposte avvenuta durante un ritiro, un devoto ha detto innocentemente ad Amma: "Non ho mai visto occhi come i tuoi, sembrano contenere l'intero universo. Ci hai mai pensato?".

La risposta di Amma è stata breve, dolce e molto profonda: "Io vedo i miei occhi attraverso i tuoi", rispose. "Vedo me stessa attraverso te".

Non potremo mai veramente capire che cosa voglia dire vedere il mondo con gli occhi di Amma, ma è evidente che dovunque ella guardi, vede più di quello che vediamo noi. Ella vede più profondamente nella situazione, nel cuore della persona, e nella causa del problema in questione. Vede esseri per noi invisibili ed eventi che si svolgono dall'altra parte del mondo. Vede oltre il dogma, nel cuore unificato delle religioni del mondo, e oltre le differenze culturali, considerando tutti gli esseri umani come una famiglia universale. Vede attraverso le bugie innocenti, vede le motivazioni nascoste e vede i puri di cuore. Vede gli atti e i pensieri dei suoi devoti e discepoli e, senza dare importanza a sembianze poco gradevoli, percepisce la bellezza interiore di un cuore semplice. Dovunque guardi, vede soltanto Dio. E, infine, ovunque non vede altro che il proprio Sé, che è come è sempre stato, e sempre sarà.

Glossario

Advaita – letteralmente: "non due". Si riferisce al non-dualismo, il principio fondamentale del Vedanta, la più alta filosofia spirituale del Sanatana Dharma.

Amrita Kutiram – progetto del Mata Amritanandamayi Math per la costruzione di case gratuite per famiglie molto povere. In tutta l'India sono già state costruite e consegnate oltre 40.000 case.

Amrita Vidyalayam – scuole elementari fondate e amministrate dal Mata Amritanandamayi Math, che forniscono un'istruzione basata sui valori spirituali. Attualmente ci sono 53 scuole Amrita Vidyalayam in tutta l'India.

Amritapuri – il principale centro internazionale del Mata Amritanandamayi Math, sito in Kerala, India, nel luogo di nascita di Amma.

ananda – beatitudine.

archana – adorazione.

Atman – Sé, o Coscienza.

AUM – (anche "Om"). Secondo le Scritture vediche, il suono primordiale dell'universo e seme della creazione. Tutti gli altri suoni hanno origine da Om e si dissolvono in Om.

bhajan – canto devozionale.

brahmachari – discepolo maschio celibe che pratica le discipline spirituali sotto la guida di un maestro. Brahamacharini è l'equivalente femminile.

Brahman – la Verità suprema al di là di tutti gli attributi. L'onnisciente, onnipotente e onnipresente substrato dell'universo.

darshan – incontro con una persona santa o visione del Divino. Il darshan di Amma è eccezionalmente offerto nella forma di abbraccio materno.

Devi Bhava – "Stato divino della Devi". Lo stato in cui Amma rivela la sua unità e identità con la Madre Divina.

dharma – in sanscrito, dharma significa "ciò che sostiene (la creazione)". Più comunemente, indica l'armonia dell'universo. Altri significati includono: giustizia, dovere, responsabilità.

gopi – pastorelle che vissero a Vrindavan, città d'infanzia di Krishna. Esse erano sue ardenti devote e rappresentano l'amore più intenso per Dio.

jivanmukti – liberazione ottenuta mentre si è in vita.

jiva o **jivatma** – anima individuale. Secondo l'Advaita Vedanta, il jivatma in realtà non è un'anima individuale limitata, ma lo stesso Brahman, o Paramatma, l'Anima suprema che costituisce la causa materiale e intelligente dell'Universo.

jnana – conoscenza.

Jnani – una persona che ha realizzato Dio, o Sé. Chi conosce la Verità.

karma – azione; catena degli effetti prodotti dalle nostre azioni.

Kaurava – i 100 figli del re Dhritarasthra e della regina Gandhari, il maggiore dei quali era il malvagio Duryodhana. I Kaurava erano nemici dei loro cugini, i virtuosi Pandava, contro i quali combatterono nella Guerra del Mahabharata.

Mahabharata – uno dei due grandi poemi epici storici indiani, insieme al *Ramayana*. È un grande trattato sul dharma, la cui storia narra principalmente il conflitto tra i virtuosi Pandava e i malvagi Kaurava e la grande battaglia di Kurukshetra. Scritto intorno al 3.200 a.C. dal saggio Veda Vyasa, con i suoi 100.000 versi è il più lungo poema epico del mondo.

Mahatma – letteralmente "Grande Anima". Sebbene questo termine sia usato attualmente anche con significati più ampi, in questo libro indica chi risiede nella Consapevolezza di essere uno con il Sé universale, o Atma.

Mata Amritanandamayi Devi – nome monastico ufficiale di Amma, significante "Madre di Immortale Beatitudine", spesso preceduto da Sri per denotarne il buon auspicio.

Mata Amritanandamayi Math (MAM) – l'organizzazione spirituale e umanitaria di Amma. I servizi sociali caritatevoli del MAM superano ogni barriera di nazionalità, razza, casta e religione, e hanno attirato l'attenzione della comunità internazionale. Nel 2005, le Nazioni Unite hanno conferito al MAM lo status di Consulente Speciale, a riconoscimento delle sue opere di soccorso in seguito a disastri naturali e del suo impegno umanitario su vasta scala.

maya – illusione. In base all'Advaita Vedanta, è maya che spinge il jivatma a identificarsi erroneamente con il corpo, la mente e l'intelletto, invece che con la sua vera natura di Paramatma.

mithya – mutevole, dunque impermanente. Anche illusorio o non vero. Secondo il Vedanta, l'intero mondo visibile è mithya.

Onam – Festa per il raccolto del Kerala, che ricorda l'epoca d'oro in cui la sua gente viveva in perfetta armonia sotto il regno illuminato del re Mahabali.

Pandava – i cinque figli del Re Pandu, eroi del poema epico Mahabharata.

Paramatma – Essere supremo.

prasad – offerta benedetta o dono ricevuto da una persona santa, o in un tempio, spesso sotto forma di cibo.

puja – adorazione rituale o cerimoniale.

Purana – lo scopo dei Purana è di rendere accessibili a tutti gli insegnamenti dei Veda, attraverso esempi concreti, miti, storie, leggende, vite di santi, di sovrani e di grandi uomini e donne, allegorie e cronache di grandi eventi storici.

rishi – veggenti o saggi realizzati che percepirono i mantra in meditazione.

samadhi – letteralmente: "cessazione di tutte le vacillazioni della mente". Uno stato trascendentale nel quale il sé individuale si unisce al Sé supremo.

samsara – ciclo di nascita e morte.

Sanatana Dharma – "L'Eterna Via della Vita". L'originale e tradizionale nome dell'Induismo.

satsang – essere in comunione con la Verità suprema. Anche: essere in compagnia dei Mahatma, ascoltare un discorso o un dibattito spirituale e partecipare a pratiche spirituali di gruppo.

unniyappam – dolce fritto tradizionale del Kerala.

Vedanta – letteralmente: "la fine dei Veda". Si riferisce alle *Upanishad* che trattano dell'argomento di Brahman, la Verità suprema, e del sentiero per realizzarla.

www.ingramcontent.com/pod-product-compliance
Lightning Source LLC
LaVergne TN
LVHW051735080426
835511LV00018B/3073